L'année des quatre dauphins

Dans la même collection

Ken Alder, *Mesurer le monde.*
Götz Aly, *Comment Hitler a acheté les Allemands.*
Alessandro Barbero, *Waterloo.*
Alessandro Barbero, *Le Jour des barbares. Andrinople, 9 août 378.*
Jean-Paul Bertaud, *Les Royalistes et Napoléon.*
Olivier Chaline, *Le Règne de Louis XIV.*
Richard Evans, *Le Troisième Reich* (3 volumes).
Robert Gellately, *Les Entretiens de Nuremberg.*
Victor Davis Hanson, *La Guerre du Péloponnèse.*
Gilles Havard et Cécile Vidal, *Histoire de l'Amérique française.*
François Hildesheimer, *La Double Mort du roi Louis XIII.*
Julian Jackson, *La France sous l'Occupation, 1940-1944.*
Annie Jourdan, *La Révolution, une exception française ?*
Ian Kershaw, *Le Mythe Hitler. Image et réalité sous le IIIe Reich.*
Ian Kershaw, *La Chance du diable. Le récit de l'opération Walkyrie.*
Daniel Lefeuvre, *Pour en finir avec la repentance coloniale.*
Jean-Pierre Moisset, *Histoire du catholicisme.*
Paul Payan, *Entre Rome et Avignon. Une histoire du Grand Schisme.*
Frédéric Rouvillois, *Histoire de la politesse.*
Frédéric Rouvillois, *Histoire du snobisme.*

Olivier Chaline

L'année des quatre dauphins

Flammarion

ISBN : 978-2-0812-2451-3

Pourquoi, pour exercer un si cruel office,
Fais-tu d'un si beau sang un si grand sacrifice,
Et, par un sort terrible autant qu'il est nouveau,
Mets-tu quatre dauphins dans le même tombeau ?

Le Triomphe des Parques ou l'Empire de la mort sur le tombeau des princes, 1712.

En un an de temps, il y eut quatre dauphins en France ; et Louis XIV, surnommé le Grand, a eu la douleur de voir mourir en un an son fils, son petit-fils et son arrière-petit-fils, de sorte que, de quelque côté qu'on puisse regarder la France, le doigt de Dieu est sur elle.

Alexandre Dubois, curé de Rumégies.

Prologue

En ce printemps 1711, le royaume de France fête Pâques. À Versailles, les dévotions de la semaine sainte ont pris un relief tout particulier car, pour la première fois, la liturgie s'est déployée dans un cadre vraiment digne de Dieu et du roi : la nouvelle chapelle du château. L'ancienne, plus modeste, a encore abrité l'adoration de la croix, le dimanche des Rameaux. Mais, désormais, il y a pour accueillir les cérémonies de l'Église le lumineux vaisseau édifié par Jules Hardouin-Mansart. Le dimanche de Pâques, 5 avril, Couperin tenant les orgues, Louis XIV et tous les siens y ont fêté avec la cour la résurrection du Christ d'entre les morts. Pour cette messe chantée, le roi est descendu de sa tribune et a pris place au milieu du chœur, parmi les stalles, face à l'autel. Les yeux des courtisans ne quittent pas leur maître, qui regarde le célébrant.

Voilà soixante-huit ans que Louis XIV règne sur la France. À soixante-treize ans, il est le doyen des monarques européens, à qui il inspire une forme de respect qui tient, selon les cas, à son âge exceptionnel pour l'époque, à sa magnanimité, que d'aucuns nomment son orgueil, à l'éclat de sa cour, à la puissance de son État ou à l'autorité qu'il exerce sur lui. Plus qu'aucun autre des princes du temps, il incarne la souveraineté. Même les défaites subies depuis 1704 par ses armées ne suffisent pas à ruiner cette image que confortent à leur manière ses adversaires les plus acharnés. La maladie a pu l'atteindre, elle ne l'a jamais brisé, tandis que la mort semble se détourner de lui.

La vieillesse de Louis XIV ne laisse pas d'être imposante. Du monarque se dégage une majesté indiscutable, dont l'assurance et la politesse cachent les mystères de l'État. Le portrait de cire réalisé quelques années auparavant par Antoine Benoist, avec la permission royale, demeure le plus extraordinaire témoignage de cette saisissante présence qui ne cherche aucunement à dissimuler la vieillesse. Elle est là, dans les rides au coin des yeux et dans le rictus de la bouche. Les traits du visage sont durs, soulignés avec sécheresse par l'âge et la fierté, manifestant aussi l'autorité dans ce qu'elle a de plus naturel et de moins composé. Il est le roi, né pour l'être et pour devenir père, grand-père et arrière-grand-père de rois.

Louis XIV est très fier de sa famille, dont il est le patriarche respecté : il règne sur plusieurs générations, ce qui apparaît comme une évidente marque de la bénédiction divine sur les « fils de Saint Louis ». C'en est une autre que, grâce à sa fécondité, sa maison soit en position de détenir les deux plus prestigieuses couronnes d'Europe, celle de France et celle d'Espagne. En novembre 1700, Louis XIV a accepté l'héritage du défunt Charles II pour son deuxième petit-fils, le duc d'Anjou : celui-ci règne à présent en Espagne sous le nom de Philippe V. Diminué et sans postérité,

Charles II a préféré léguer toutes ses possessions répandues à travers l'Europe et le monde au petit-fils de son ennemi et beau-frère Louis XIV, seul capable à ses yeux d'éviter le démembrement du patrimoine de la branche aînée de la maison d'Autriche. Contrairement aux Habsbourgs, guettés par l'extinction, et aux Stuarts, à l'avenir incertain, les Bourbons manifestent une profonde vitalité. Quiconque a feuilleté les gravures figurant dans l'*Almanach de France* depuis les années 1680 ou a contemplé la famille de Louis XIV se rendant à la Chapelle royale derrière son chef, en ce mois d'avril 1711, le sait pertinemment.

Derrière lui, il y a son fils, le Grand Dauphin, qu'on a pris l'habitude, contraire à la tradition, d'appeler Monseigneur. C'est un gros homme mal connu, dont l'existence semble éclipsée par la formidable présence paternelle. Mais est-il si dépourvu de personnalité qu'on l'a prétendu ? Le dauphin peu doué pour les études que Bossuet et le duc de Montausier tâchaient d'instruire tant bien que mal est devenu un joyeux compagnon qui raffole du théâtre et des mascarades, un mécène averti qui protège Bérain, Boulle et Coypel, un collectionneur infatigable qui sait surprendre jusqu'à son père par le goût qu'il témoigne en rassemblant dans son somptueux appartement privé tableaux, porcelaines et gemmes. Il s'est bien comporté à la guerre lors du conflit précédent et a su se faire aimer du soldat. C'est aussi un chasseur infatigable qui traque le loup avec une énergie et une résistance stupéfiantes.

Certes, il n'est guère facile d'être le fils d'un tel père ; Monseigneur voue pourtant au roi une admiration sans bornes. N'en déplaise à Saint-Simon, une affection réelle existe entre eux. Louis XIV a fait entrer son fils dans les Conseils au cours des années 1680, lui permettant d'opiner en 1688. Discret, Monseigneur a su se faire entendre dans des moments où le sort de la monarchie et de la dynastie a paru en balance : en 1700, en faveur de l'acceptation du testament de Charles II d'Espagne pour son deuxième fils, le duc d'Anjou, devenu Philippe V ; puis en 1709, quand, le temps des défaites étant survenu dans la guerre de Succession d'Espagne, il obtient de Louis XIV, pourtant résigné à l'abandon de Philippe V, le maintien temporaire de quelques troupes dans la péninsule Ibérique, sursis salvateur qui sauva le trône du Bourbon d'Espagne.

Si les historiens ont tant insisté sur l'éloignement du roi de Paris, c'est tout simplement parce qu'ils ont oublié que la capitale est devenue la scène sur laquelle Monseigneur a trouvé un espace à sa mesure. On ne voit plus Louis XIV à Paris, mais on y croise souvent son fils, qui y jouit d'une remarquable popularité, poussée jusqu'à l'attachement le plus vif chez les dames de la Halle. De son père, il a la courtoisie sans le côté intimidant. Et comme son père, une fois devenu veuf, en 1690, il s'est vraisemblablement remarié secrètement avec une femme à son goût, d'une naissance très inférieure à la sienne : depuis lors, Mlle de Choin est l'officieuse maîtresse de maison du double château de Meudon, devenu la résidence ordinaire de Monseigneur.

Près du Grand Dauphin se tient l'aîné de ses trois fils, le jeune duc de Bourgogne, bien convaincu de sa dignité mais aussi des charges écrasantes qu'elle risque de lui valoir un jour. Son visage offre une saisissante apparence de fragilité. On y retrouve bien des traits de son grand-père mais adoucis, comme nimbés d'une délicate clarté intérieure qui rend le regard si émouvant.

Est-ce parce que nous savons que lui aussi sera emporté avant même d'avoir régné ? N'est-ce pas plutôt la manifestation d'une personnalité attachante dont Fénelon et le duc de Beauvillier, qui ont veillé sur son éducation, ont su reconnaître les qualités ? Suscitant une totale confiance, le prélat et le courtisan sont parvenus à vaincre l'orgueil – coriace – du petit-fils de Louis XIV et à faire de lui un prince qui attire déjà espérances et sympathies. Le duc de Bourgogne semble destiné par la providence à hériter, le moment venu, du plus puissant des royaumes tout en le gouvernant d'une manière sage, accordée aux vertus qu'on pressent en lui. Là encore, les liens sont forts entre le roi et son petit-fils, plus visibles sans doute qu'entre Louis et le Grand Dauphin.

En 1697, à ce jeune homme dévot et animé d'un extrême désir de bien faire, Louis XIV a donné pour épouse une princesse de Savoie, Marie-Adélaïde. Difficile d'imaginer deux caractères plus dissemblables : lui sérieux et appliqué, presque triste, elle charmante, vive et avisée, capable de séduire le roi et Mme de Maintenon, entraînant la cour dans un tourbillon de réjouissances ; lui adorant sa femme, elle plus lente à s'attacher à lui. L'entente s'est faite malgré tout. Les époux Bourgogne figurent l'avenir lointain de la monarchie, portant de ce fait les attentes de renouveau de ceux qui ne se satisfont pas du mode de gouvernement du grand-père.

Les naissances et aussi les épreuves affrontées en commun ont soudé le mari et la femme. En 1708, la défaite d'Audenarde, infligée par le prince Eugène de Savoie et le duc de Marlborough au duc de Bourgogne et au maréchal de Vendôme, qui ne se supportaient guère, a déclenché une vive polémique et une cabale à la cour. Mais on a vu la duchesse déployer une ténacité et un sens politique insoupçonnés pour venir à bout des détracteurs de son mari. Chose inouïe, le roi lui a laissé l'entier gouvernement de sa Maison avec, en plus, la libre disposition des charges qui y seraient vacantes, répliquant à ceux qui s'en étonnaient « qu'elle serait capable de choses plus difficiles et plus importantes ». Le roi étant veuf et Mme de Maintenon une épouse officieuse, Monseigneur se trouvant peu ou prou dans la même situation que son père, la duchesse de Bourgogne est devenue la reine de cette cour déséquilibrée. Elle habite, du reste, dans les appartements qui ont été jadis ceux de Marie-Thérèse, la défunte épouse de Louis XIV.

Un tableau de Largillière, conservé à la Wallace Collection, à Londres, montre le roi entouré de son fils, de l'aîné de ses petits-fils et de celui de ses arrière-petits-fils. Celui-ci est un petit garçon encore assez jeune pour porter une robe et être tenu en lisière par la gouvernante des Enfants de France, la duchesse de Ventadour. C'est le duc de Bretagne, né le 8 janvier 1707 et devenu, en raison de la mort de son frère aîné, le 13 avril 1705, un possible dauphin. Son visage d'enfant ne doit pas faire négliger une conscience déjà très vive de ce qu'il est. Sa mère fait-elle donner un spectacle de marionnettes pour le distraire ? Il est assis dans un fauteuil, seul, en avant. Il a trois ans lorsque la cour, en février 1710, se presse autour du berceau de son frère, le duc d'Anjou, et il en manifeste un vif déplaisir.

Il est sans exemple dans la monarchie française qu'un roi connaisse ses arrière-petits-fils. La naissance du premier petit-fils de Louis, le duc de Bourgogne, en 1682, a déjà paru un prodige et suscité des manifestations d'une joie délirante çà et là à travers le royaume. Les arrière-petits-fils sont nés en pleine guerre. Pourtant à l'été 1704, pour le premier duc de Bretagne, la liesse est encore considérable et l'annonce du désastre de Blenheim n'en vient pas à bout, bien au contraire. Mais le petit duc meurt le 13 avril suivant. Lorsque, le 8 janvier 1707, son frère naît, il reçoit le même titre du roi ; mais Louis refuse toute réjouissance publique, les temps étant trop durs. En février 1710, la naissance de son troisième arrière-petit-fils est saluée cette fois par des réjouissances publiques que le roi ne décommande pas. Leur mère, la duchesse de Bourgogne, parachève ainsi une popularité qui était déjà fort grande.

Cette abondante postérité met, selon toute vraisemblance, le royaume à l'abri des contestations successorales et paraît devoir écarter la possibilité même d'une régence ; et il ne s'agit là que des enfants légitimes. Dans une France en pleine Réforme catholique, le roi très chrétien avait donné à ses sujets le spectacle, souvent jugé scandaleux, de l'adultère le plus manifeste. De ses amours avec Mlle de La Vallière, puis avec Mme de Montespan, sont nés plusieurs enfants qu'il a non seulement fait élever mais légitimer, d'abord sans indication du nom de leur mère, puis d'une manière aussi ostensible que l'avait été la grossesse de la maîtresse en titre. Époux infidèle mais père attentionné, Louis XIV a donné une place éminente à ses bâtards légitimés, un rang dans sa cour et dans l'État. Il eût pu se contenter de leur donner un titre, comme le faisait Charles II d'Angleterre avec son abondante postérité illégitime. Il est allé beaucoup plus loin en mêlant ses diverses familles, la légitime et les parallèles, lorsqu'il admit que les princes légitimés pouvaient convoler, eux aussi. Non seulement le Grand Dauphin connaît et fréquente ses frères et sœurs adultérins, mais ceux-ci ont été mariés dans les différentes branches de la maison de Bourbon, ce qui ne s'était jamais vu. À l'indignation des uns devant ce révoltant mélange des conditions répond l'empressement des autres, ainsi le Grand Condé, fort désireux de plaire au roi et prêt à solliciter une alliance avec ses bâtards légitimés. Tout en revenant, grâce à Mme de Maintenon, à la fidélité conjugale et à une religion vécue sans porte-à-faux, Louis XIV s'est montré plus que jamais attaché aux enfants nés de ses favorites successives. Celle qui l'a ramené à une vie réglée n'est-elle pas celle-là même qui a élevé avec dévouement et compétence les fils nés du double adultère du roi et de Mme de Montespan ?

Tout ce petit monde coexiste plus ou moins bien, craignant le roi ou abusant de son affection, évitant Mme de Maintenon ou recherchant sa faveur. L'entourage familial de Louis XIV est fait d'une série de paradoxes : une épouse très appréciée mais à qui ce statut est dénié par sa naissance si inférieure, un mariage secret qui est respecté comme ne l'avait pas été le premier et seul officiel, des bâtards légitimés plus doués que le dauphin mais de qui on ne saurait attendre le même destin. Depuis les toutes dernières années du XVIIe siècle, dans cet environnement qui n'est pas toujours paisible se distinguent le duc et la duchesse de Bourgogne. Sans doute ne sont-ils pas appelés à régner avant fort longtemps, mais sur ces deux personnalités si différentes et pleines de charme, chacune à sa façon, se concentrent désormais l'affection du vieux roi et les talents d'éducatrice de Mme de Maintenon. Il semble, un temps, que ce couple princier fasse toute chose nouvelle à la cour de

France, rajeunisse un monde facilement blasé ou corrompu, soulève chez le roi et son épouse secrète la conviction de laisser un jour à la France des souverains en qui ils auraient mis le meilleur d'eux-mêmes.

Onze mois suffiront à ruiner tant d'espérances et à proclamer que la solidité dynastique n'était qu'apparente. Pressée, la mort frappe les Bourbons à coups redoublés. Peu après Pâques, le 14 avril 1711, la petite vérole emporte Monseigneur. Sa disparition fait de son fils aîné, le duc de Bourgogne, le nouveau dauphin. Plus que jamais l'avenir de la France semble porté par le duc et son épouse. Mais la duchesse de Bourgogne succombe à son tour, des fièvres, le 12 février 1712. Son époux, qui l'a veillée autant qu'il a pu, meurt quelques jours plus tard, le 18 février. Dans l'horreur de cette double mort, leur fils aîné, le très jeune mais déjà impérieux duc de Bretagne, devient dauphin. Pour trois semaines seulement. La mort l'emporte le 9 mars, et il s'en faut de peu qu'elle ravisse aussi son cadet, le petit duc d'Anjou, lequel lui est disputé victorieusement par les femmes qui en ont la garde.

D'une fête de Pâques à l'autre, du 5 avril 1711 au 27 mars 1712, en une année à peine, la France a connu quatre dauphins. Les contemporains en furent frappés de stupeur et d'effroi. La belle-sœur du roi, qu'on appelait Madame, pouvait écrire à sa tante, la duchesse de Hanovre, le 13 mars 1712, à propos de ces dauphins : « Chose horrible, nous en avons perdu trois en onze mois, un de quarante-neuf ans, un de vingt-six, et un de cinq. Je ne crois pas qu'on trouve un autre exemple d'un fait pareil dans l'histoire. » Dans sa paroisse du

Hainaut, le curé de Rumégies voit le doigt de Dieu sur la France, et il n'est sans doute pas le seul.

Une telle succession de décès n'a pas manqué de frapper les historiens. Pourtant si tous l'évoquent, parmi les nombreux malheurs de la fin du règne, avec la guerre que le roi a trop aimée, les épidémies, les famines et la misère dont il passe pour ne s'être guère soucié, personne ne semble s'être attaché à faire revivre cette année des quatre dauphins, ces quelques mois qui voient Louis XIV meurtri si intimement, et à plusieurs reprises encore. Le monarque est, pour l'époque, un grand vieillard, qui a à ses côtés une femme de deux ans son aînée. Le métier de roi est plus que jamais le sens même de sa vie ; c'est en l'exerçant dans sa plénitude qu'il affronte revers militaires et deuils familiaux. Il le fait avec une profonde dignité, fragile et humaine, loin de l'orgueil qu'on lui attribuerait si aisément. Le Louis XIV de l'année des quatre dauphins n'est plus le quadragénaire impérieux et inquiet des années 1680, qui a suscité l'admiration de tant de ses sujets. Et si le plus grand Louis XIV était précisément celui de l'extrême vieillesse, que seuls ses proches ont connu ?

L'année des quatre dauphins fut celle d'un épouvantable ébranlement de la maison de Bourbon. En un an, elle parut près de crouler complètement. Ses princes n'étaient plus que les vassaux de la mort, saisis par la maladie, placés devant leur fin, bientôt objets du deuil de cour. Dans pareille ténèbre, Louis l'humilié assiste à l'agonie des siens, n'a plus qu'à se soumettre à l'écrasante volonté divine, mais jamais il ne rompt. Pour la France, il faut s'adapter à des lendemains qui ne sont plus et en envisager d'autres. La famille royale est travaillée par ses discordes et ses appétits, la cour bruit des ambitions défaites et de secrètes joies, tandis que l'État sort affaibli de ces morts si nombreuses qui, depuis le grand hiver de 1709, l'un des plus froids du siècle, ont frappé les humbles puis les princes.

Après tant de deuils si rapprochés qu'ils semblèrent tarir les larmes, à force de tristesse et de douleur, il ne demeura plus de cette famille si nombreuse qu'un arrière-grand-père éprouvé et un tout jeune enfant, à peine sauvé du tombeau – qui un jour régnerait sous le nom de Louis XV. Soixante-douze ans les séparaient ; une profonde tendresse pleine de retenue et une double fragilité les réunissaient pour accueillir, dans un temps que le vieillard savait compté, les surprises d'un présent si improbable.

1

La ronde macabre

Au début du XVIIIe siècle, princes et rois ne sont pas davantage à l'abri de la maladie que leurs sujets les plus humbles. Certes, ils ne souffrent pas de la faim, ni du froid ; mais l'égalité devant la mort s'étend parfois à la maladie, bien plus qu'on serait porté à le croire.

Sans doute les princes sont-ils mieux soignés : autour d'eux s'activent des médecins et chirurgiens qu'il serait trompeur d'envisager avec les seuls yeux de Molière. Ces hommes sont l'élite de leur profession. Il y a Guy Crescent Fagon, qui a été premier médecin de la dauphine en 1680, de la reine la même année, puis du roi en 1693. Louis XIV le tient en grande estime. Les deux hommes ont le même âge et Fagon veille avec soin sur la santé de son auguste patient. Il y a aussi Jean Boudin, doyen de la Faculté de Paris, premier médecin du Grand Dauphin et médecin du roi. Auprès d'eux intervient aussi Georges Maréchal, chirurgien, que Louis XIV a consulté pour la première fois en 1696 et qu'il a fait son premier chirurgien en 1703, avant de l'anoblir en 1707. Ces hommes inspirent confiance. Leur savoir est respecté et leurs avis sont suivis.

En 1711, puis en 1712, ils se révèlent désarmés devant les diverses formes de mal qui frappent tour à tour le Grand Dauphin, la duchesse de Bourgogne, le duc son époux, le duc de Bretagne leur fils aîné, et le désarroi royal n'en est que plus grand. Cette impuissance se mesure d'abord à la difficulté de reconnaître le mal : sur ces quatre décès, seul le premier est imputable à une maladie clairement identifiée, la petite vérole. Pour les trois autres, le savoir médical du temps reste bien en peine de donner une qualification précise au-delà du terme de « rougeole », un terme qui n'a plus exactement la même signification aujourd'hui.

L'historien, tributaire des observations des contemporains, médecins ou non, est contraint de s'en tenir le plus souvent à des hypothèses, surtout pour le couple ducal et son fils aîné. Même pour des médecins versés en histoire, le diagnostic rétrospectif est à peu près impossible [1]. Il y a, à cela, plusieurs raisons. D'abord, des mutations ont pu se produire entre l'époque de Louis XIV et la nôtre, certains agents infectieux ayant disparu ou s'étant modifiés. Ensuite, le vocabulaire médical a souvent changé de sens, et certains mots ont tout simplement perdu leur signification. Que dire aujourd'hui du « venin » de la maladie ou du « sang tout brûlé » découvert lors de l'autopsie de la duchesse de Bourgogne ? Que désigne-t-on au juste lorsqu'on

1. Je tiens à exprimer ma plus vive gratitude à deux médecins passionnés d'histoire et qui ont bien voulu me faire bénéficier de leurs lumières, le docteur Jean-Pierre Diers, de Bucquoy, et le docteur Jean-François Viaud, de Bordeaux. L'un et l'autre se sont penchés avec moi sur les trop rares informations cliniques données par nos sources, si bien que ce chapitre leur doit beaucoup.

remarque que le pouls est « mauvais » ? On ne nous dit jamais s'il est régulier ou non.

Notons aussi que la maladie n'est pas envisagée de la même manière qu'aujourd'hui. Reportons-nous aux témoins de ce qui s'est passé, Sourches, Dangeau et Saint-Simon : chacun se préoccupe de noter des symptômes jugés alors significatifs et de suivre l'évolution du mal ; mais la notion de causalité n'est pas première dans la définition de celui-ci. Les descriptions dont nous disposons ne sont pas assez fiables. Pour la petite vérole ou la rougeole, elles ne s'attardent guère sur les caractères de l'éruption, ni sans doute sur la plupart des signes associés, ce qui nous prive d'informations essentielles pour la formation du diagnostic. Aux médecins du temps, une éruption paraît un symptôme relativement secondaire, puisque la maladie est considérée comme une fièvre, dont on se préoccupe surtout des caractéristiques afin de décider du traitement à appliquer. En 1688, le médecin Porchon, qui est une autorité en la matière, explique qu'« on doit considérer le pourpre, la rougeole et la petite vérole ou comme des symptômes, ou comme des crises des maladies, et quelquefois rarement comme des premières maladies, puisqu'il est constant qu'elles n'attaquent jamais d'abord, et qu'elles sont toujours précédées par quelque fièvre, soit pestilentielle ou maligne, soit synoque [1] simple ou putride, et qu'elles ne commencent à paraître que vers le quatrième ou le septième jour ». Tenue pour salutaire puisqu'elle manifeste l'effort réalisé par la nature pour chasser du corps les mauvaises humeurs, l'éruption doit survenir le

1. Le mot s'appliquait à une fièvre de courte durée mais continue et dont on ne pouvait déterminer la cause.

moment venu, conformément à ce qu'a défini Hippocrate. Ses autres caractéristiques importent peu. La maladie est reconnue et désignée en fonction de la représentation qu'on en a et de l'idée qu'on se fait du péril qu'elle représente. Saint-Simon annotant Dangeau peut ainsi parler de la « qualité de la maladie » qui emporta le Grand Dauphin pour expliquer qu'on lui fît des funérailles indécentes à ses yeux, à force d'avoir été réduites à peu de chose.

Personne ne douta à l'époque que Monseigneur eût été atteint par la petite vérole, que nous appelons aujourd'hui variole. Tout semble commencer le mercredi 8 avril 1711. Monseigneur, qui a pris part au Conseil d'État le matin, en sort à midi et quart pour gagner Meudon. Sur le chemin, nous dit Saint-Simon, il « rencontra à Chaville un prêtre qui portait Notre-Seigneur à un malade, et mit pied à terre pour l'adorer à genoux avec Mme la duchesse de Bourgogne. Il demanda à quel malade on le portait : il apprit que ce malade avait la petite vérole. Il y en avait partout quantité. Il ne l'avait eue que légère, volante et enfant ; il la craignait fort. Il en fut frappé, et dit le soir à Boudin, son premier médecin, qu'il ne serait pas surpris s'il l'avait. La journée s'était cependant passée tout à fait à l'ordinaire ».

Cette certitude est confirmée par ce que Dangeau et Sourches nous disent de l'état sanitaire de la cour : au printemps 1711, la petite vérole est très présente à Versailles, dans les villages environnants que sont Chaville et Meudon, à Paris également. Elle y fait nombre de victimes. Faut-il préciser qu'elle passe pour avoir été au

XVIIIe siècle deux fois plus meurtrière que la peste au siècle précédent, sans, pour autant, avoir donné lieu à des épidémies aussi massives et terrifiantes ? Elle apparaît alors comme un fléau endémique qui, par intervalles, prend une forme épidémique plus dévastatrice, susceptible de toucher entre le tiers et les deux tiers d'une population. Pourtant, si elle suscite la peur, elle ne déclenche pas les mêmes réactions, notamment de fuite, que la peste : ni Versailles, ni Paris, ni leurs environs ne se vident, même temporairement. De fait, un malade sur sept seulement succombe à la petite vérole ; les survivants risquent de porter définitivement les traces disgracieuses de leur maladie, notamment sur le visage, comme Madame, la belle-sœur du roi.

Ce qui rend la maladie moins effrayante, c'est qu'elle frappe surtout les enfants, à la vie déjà plus fragile, si bien que Furetière pouvait la présenter comme « la maladie des enfants ». À ce titre, elle confère au malade qui lui survit une immunité définitive. Louis XIV lui-même a contracté la petite vérole en novembre 1647, alors qu'il était dans sa dixième année. Mais ne pas en avoir été atteint dans l'enfance y rend beaucoup plus vulnérable dans l'âge adulte ; le malade a beaucoup moins de chances de s'en tirer. On a eu maintes fois l'occasion de l'observer et les contemporains le savent fort bien. L'inquiétude qui naît chez Monseigneur au cours de l'après-midi est donc bel et bien fondée. La forme « légère » et « volante » de la maladie contractée dans son enfance était sans doute la varicelle, qu'on n'était pas encore en mesure de distinguer de la variole, les deux se manifestant par l'apparition de vésicules.

Puis tout va très vite, si vite que ce que nous savons aujourd'hui du cycle d'une variole dite « régulière » nous permet d'exclure que Monseigneur ait été contaminé lors de la rencontre avec le curé de Chaville (qui ne revenait pas de chez le moribond mais s'y rendait), le mercredi 8 avril. Le jeudi, le malade est en effet très fiévreux, d'une fièvre qui n'a pu monter sans une période préalable d'incubation, variant de huit à quatorze jours. Vingt-quatre heures ne suffisent pas. Saint-Simon rapporte d'ailleurs dans ses *Mémoires*, à propos de Monseigneur, qu'un des jours suivants, « il lui échappa d'avouer à Mme la princesse de Conti qu'il y avait longtemps qu'il se sentait fort mal sans en avoir voulu rien témoigner, et dans un tel état de faiblesse, que le jeudi saint dernier, il n'avait pu durant l'office tenir sa semaine sainte dans ses mains ». Cette confidence laisse entrevoir une période préparatoire, peut-être l'incubation de la variole, du moins un terrain propice. Cette année-là, le jeudi saint tombe le 2 avril. À cette date, Monseigneur se sent déjà mal. Avec une période d'incubation de huit à quatorze jours et une invasion survenant le 9 avril, on pourrait situer le début du cycle entre le jeudi 26 mars et le 1er avril. Dangeau nous apprend que le 27, dans l'après-dînée, Monseigneur s'est rendu à Chaville, où nous savons que la petite vérole était déjà présente. Le lendemain, il est allé se promener sur le chemin de Paris et le dimanche des Rameaux, 29 mars, il a assisté aux dévotions du jour avec toute la maison royale. Il semble être resté au château dans les jours suivants. On peut supposer que la maladie l'a frappé dans cette période et que la semaine sainte a correspondu à la période d'incubation. Hormis, peut-être, le sentiment de faiblesse éprouvé par le malade qui s'ignore encore comme tel, aucun signe ne laisse deviner l'atteinte du mal.

Chez cet homme de presque cinquante ans, l'invasion n'en est que plus brutale et spectaculaire. À son lever, le jeudi 9 avril, Monseigneur est, selon son habitude, dans l'intention d'aller chasser le loup, mais il se trouve mal et tombe sur sa chaise. Boudin, son premier médecin, le fait se recoucher. Il est pris de maux de tête, de faiblesse dans les jambes, d'assoupissements : les médecins décident de saigner leur patient. À onze heures du soir, on apprend qu'il a de la fièvre et que celle-ci ne cesse ensuite d'augmenter. Sourches, qui décrit très précisément cette journée, conclut alors : « L'on disait tout haut que si, le lendemain au matin, le mal continuait ou se déclarait, le roi avait dit qu'après sa messe il irait à Meudon pour s'y établir, et y rester pendant le cours de la maladie de Monseigneur. »

Monseigneur est malade, mais son mal n'est pas encore identifié. C'est au moins une fièvre, avec tout ce que cette appellation a alors d'imprécis. Les médecins croient qu'il y a du « venin » dans sa maladie, si bien que Louis XIV, afin d'éviter la contagion, interdit les visites aux membres de la famille royale qui n'ont pas eu la petite vérole. Le lendemain, vendredi 10 avril, le mal de Monseigneur augmente, on redoute qu'il y ait du « mauvais air ». Louis XIV reste environ trois quarts d'heure auprès du malade, qui sombre moins dans la somnolence. Selon Dangeau, « on ne doute point qu'il n'ait la petite vérole et peut-être le pourpre ». Louis XIV renvoie tous les courtisans venus avec lui afin de faire place à ses officiers, du moins à ceux qui ont déjà eu la petite vérole, car il écarte les autres.

La période d'invasion dure du 9 jusqu'au matin du 11. Elle se manifeste en premier lieu par la force des poussées de fièvre, qui peuvent en pareil cas atteindre

40 °C en peu de minutes avec d'intenses frissons. Il en résulte une nette augmentation des battements du cœur ou tachycardie, le pouls devenant si rapide qu'il n'est plus guère perceptible. « Toute la journée fut effrayante par l'état du pouls », note Saint-Simon pour le 9. Le témoignage de Sourches permet de saisir le caractère bien visible des symptômes fonctionnels. Dès le soir du 8, ils se révèlent intenses, surtout de manière nerveuse (maux de tête, de reins, impression de faiblesse dans les jambes). En revanche, les symptômes digestifs ou respiratoires font défaut. On attend des vomissements qui ne se produisent pas, ce qui empêche les médecins de conclure, sans plus attendre, à la petite vérole. Aucun de nos témoignages ne fait état de difficultés respiratoires ni de toux. Pendant ces deux journées, les signes physiques sont encore invisibles. Tout au plus Sourches rapporte-t-il que « le 10 au matin, on disait que les grands symptômes du mal de Monseigneur étaient cessés, qu'à la vérité on lui avait vu deux boutons sur le front, mais qu'il était sujet à en avoir ».

Dans la phase suivante, dite éruptive, les signes physiques deviennent en revanche très visibles. Celle-ci semble avoir commencé la nuit du 10 au 11 avril. Sourches note que la petite vérole parut le soir du 10 et qu'« on disait qu'elle sortait bien », tandis que Dangeau assure qu'elle avait paru entre 6 et 7 heures du matin le 11. La description clinique est réduite à peu de chose : la fièvre qui ne cède point, même temporairement, et les maux de tête qui persistent. L'éruption proprement dite n'est évoquée qu'allusivement par le seul Dangeau : « l'après-dînée la petite vérole sortit en plus grande abondance ». Sans doute les manifestations concrètes de l'exanthème, cette intense rougeur de la peau, sont-elles assez connues de tous pour que personne n'ait eu l'idée de les décrire. Indiquons-les brièvement, de manière aussi clinique que possible : tout d'abord, l'exanthème apparaît sur le front et les tempes, parfois aussi aux poignets ; il est fait de macules que séparent encore des étendues de peau saine et qui s'effacent si on appuie dessus. Le deuxième jour, tandis que l'exanthème s'étend au tronc, les macules, en prenant corps, deviennent des papules enchâssées dans le derme. Le troisième jour, les papules apparaissent, surmontées d'une vésicule, et ressemblent à autant de grains de plomb fichés dans le derme.

Le début de la phase éruptive dissipe tout doute quant à la nature de la maladie : il s'agit bien de la petite vérole et en aucun cas d'une fièvre de printemps. Au moins le diagnostic est-il posé, laissant espérer qu'au bout de quelques jours de patience on entrera dans la phase de suppuration, lorsque les vésicules se transformeront en pustules bientôt entourées d'un halo inflammatoire. Certes, cet épisode est rude pour un malade de nouveau en proie à de fortes fièvres, à des maux de tête et à une vive agitation ; mais il annonce aussi une convalescence possible après une dizaine de jours de maladie. Pour les médecins, note Dangeau, Monseigneur se porte aussi bien qu'il peut se porter ; ils n'en démordront pas jusque dans l'après-midi du 14. Ce relatif optimisme est rapporté par Madame à sa parente, la duchesse de Hanovre, dans la journée du 12 : « Jusqu'ici la maladie suit bien son cours, la fièvre diminue, les pustules commencent à devenir blanches, nous espérons donc que tout ira bien. »

Pourtant des signes fâcheux apparaissent, qui entretiennent l'inquiétude générale due à l'âge du patient. « Le 12, note Sourches, tout le monde disait que la petite vérole de Monseigneur allait de mieux en mieux, mais cela commença à changer sur le soir, parce qu'elle lui portait à la tête, et même qu'il rêvait les yeux ouverts ; ce qui obligea le roi à défendre que personne n'entrât dans sa chambre, laquelle était toujours pleine de monde. » Louis XIV ne peut que remarquer la confusion mentale du malade. Mais il s'en remet à l'avis des médecins, en l'occurrence de Fagon. Il l'écoute, comme il le fait quand il a affaire à des spécialistes qu'il juge plus compétents que lui. Au matin du mardi 14 avril, l'état de Monseigneur ne semble toujours pas alarmant. Celui-ci n'a-t-il pas été en mesure de recevoir les dames de la Halle parisiennes, ses fidèles amies, comme lors de l'attaque dont il a été la victime en 1701 ? Le roi a tout lieu de croire que son fils n'est pas spécialement en danger. Il tient le matin le Conseil des finances et s'apprête à tenir celui des dépêches dans l'après-midi. Auparavant, il va rendre visite à son fils. « Le roi fut si frappé de l'enflure extraordinaire du visage et de la tête qu'il abrégea, et qu'il laissa échapper quelques larmes en sortant de la chambre. » Cette indication de Saint-Simon est corroborée par le propre témoignage de Mme de Maintenon, qui a vu revenir le roi. Néanmoins, celui-ci vaque à ses affaires et, lorsqu'il sort du Conseil des dépêches, il voit arriver Madame, laquelle raconte : « J'allai alors trouver le roi qui me reçut très gracieusement ; il était de très bonne humeur ; il me reprocha de m'être tant plainte quand j'avais eu la petite vérole, et me dit que M. le Dauphin ne ressentait aucun mal. Je lui répondis que cela viendrait encore, que les boutons devaient nécessairement enfler et faire mal. »

Tout ce qui se passe désormais se déroule non seulement hors de la présence du roi, mais encore à son insu jusqu'au souper. Vers quatre heures, Monseigneur se trouve plus mal. Boudin suggère alors à Fagon d'aller quérir un conseil auprès des médecins de Paris, plus habitués aux maladies « à venin ». Il se voit opposer un refus. « À six heures, reprend Madame, au moment où j'allais partir, on vint annoncer que M. le Dauphin avait des inquiétudes, et que sa tête enflait beaucoup ; tout le monde pensa que c'était la suppuration et regarda cela comme un bon signe. » De ce qui s'est passé ensuite, Saint-Simon a donné dans ses *Mémoires* le récit le plus saisissant : « Fagon et les autres entassèrent remèdes sur remèdes, sans en attendre l'effet. Le curé, qui tous les soirs avant de se retirer chez lui, allait savoir des nouvelles, trouva, contre l'ordinaire, toutes les portes ouvertes et les valets éperdus. Il entra dans la chambre où, voyant de quoi il n'était que trop tardivement question, il courut au lit, prit la main de Monseigneur, lui parla de Dieu, et, le voyant plein de connaissance, mais presque hors d'état de parler, il tira ce qu'il put pour une confession, dont qui que ce soit ne s'était avisé, lui suggéra des actes de contrition. Le pauvre prince en répéta distinctement quelques mots, confusément les autres, se frappa la poitrine, serra la main au curé, parut pénétré des meilleurs sentiments, et reçut d'un air contrit et désireux l'absolution du curé. Cependant le roi sortait de table, et pensa tomber à la renverse lorsque Fagon, se présentant à lui, lui cria, tout troublé, que tout était perdu. On peut juger quelle horreur saisit tout le monde en ce passage si subit d'une sécurité entière à la plus désespérée extrémité. »

Cette agonie sans connaissance dura près d'une heure après l'arrivée du roi dans le cabinet à proximité de la chambre dont la princesse de Conti lui barra l'accès. Vers les onze heures et demie de la nuit, le Grand Dauphin rendit son dernier souffle. « Aussitôt après sa mort, poursuit Madame, il devint tout noir, ce qui montra que la fièvre pourprée s'était jointe à la petite vérole. Tout était resté dans la tête ; il n'avait presque pas de boutons sur le corps, mais son nez en était couvert ; il a été étouffé à proprement parler. Son corps répandit ensuite une telle infection qu'on fut obligé de le conduire immédiatement à Saint-Denis sans aucune cérémonie. »

Monseigneur a bien succombé à une forme foudroyante de petite vérole. L'évolution régulière de la maladie a été empêchée par des complications que personne ne pouvait maîtriser, peut-être à cause de l'âge du malade. Le virus de la variole a, comme disent les médecins d'aujourd'hui, un tropisme multitissulaire, d'abord cutané puis touchant les muqueuses mais aussi le cerveau. Les rares indications fournies par les sources (« lui portait à la tête ; il rêvait les yeux ouverts ; tout le venin de la maladie se porta à la tête et à la gorge ; enflure extraordinaire du visage et de la tête… ») pourraient laisser supposer des complications telles que l'inflammation des voies ORL, avec laryngite asphyxiante ; l'encéphalite avec confusion puis coma, et, en définitive, la mort.

Moins d'un an plus tard, la duchesse de Bourgogne, le duc et leur fils aîné sont emportés en quelques jours par la maladie. Aucun des trois n'est mort de la petite vérole ; les médecins n'auraient pas manqué de le constater. D'ailleurs, la duchesse l'avait déjà eue et se trouvait de ce fait immunisée.

Les premières indications remontent au lundi 18 janvier 1712. Louis XIV est alors à Marly. « La dauphine, nous dit Saint-Simon, s'y rendit de bonne heure avec une grande fluxion sur le visage, et se mit au lit en arrivant. Elle se leva à sept heures parce que le roi voulut qu'elle tînt le salon. Elle y joua en déshabillé, tout embéguinée, vit le roi chez Mme de Maintenon peu avant son souper, et de là vint se mettre au lit, où elle soupa. » Le lendemain, elle ne se lève que pour jouer dans le salon et voir le roi, puis revient se mettre au lit et y souper. Le surlendemain, 20 janvier, la fluxion diminue, le gonflement de sa joue s'atténue. Puis tout semble rentrer dans l'ordre durant deux semaines environ.

C'est à partir du vendredi 5 février que la santé de la dauphine se dégrade à nouveau. Saint-Simon rapporte que « sur le soir la fièvre lui prit par frisson. Elle se mit au lit, et ne put se lever, même pour aller dans le cabinet du roi après le souper ». Pendant plusieurs jours, il n'est question que de fièvre. Sourches nous en indique l'origine supposée, en invoquant pour le samedi des « ragoûts à l'italienne qui lui étaient demeurés sur l'estomac ». Le dimanche 7, la fièvre baisse pendant la journée, mais une douleur extrêmement intense apparaît en fin d'après-midi, qui vrille la tempe de la dauphine et la rend presque folle de douleur ; tabac, opium, saignées, rien n'y fait. Une douleur, dit-elle elle-même, plus violente encore que celles de l'accouchement.

On en sait un peu plus grâce à une lettre de Mme de Maintenon à la princesse des Ursins : « Mme la Dauphine a une fluxion qui lui fait une douleur fixe entre l'oreille et le haut de la mâchoire ; l'espace de son mal est si petit qu'on le couvrirait avec l'ongle ; elle a des convulsions, elle crie comme une femme qui est en travail et avec les mêmes intervalles ; elle a été saignée deux fois depuis hier ; elle a pris trois fois de l'opium, elle paraît un peu plus tranquille depuis un moment. » La fluxion est donc réapparue, et semble en rapport avec la mâchoire, ce qui provoque gonflement de la joue et forte fièvre. Les calmants en usage à l'époque n'ont au mieux qu'un effet limité.

Le lundi 8 février, nous indique Sourches, la duchesse de Bourgogne semble mieux ; elle a vomi durant la nuit, il lui reste un grand mal de tête. « Le soir, comme le roi sortait de l'appartement de la marquise de Maintenon pour aller souper, il voulut entrer chez Mme la Dauphine ; mais Boudin, son premier médecin, vint au-devant de lui le prier de ne point entrer parce qu'elle dormait, et ayant ajouté en parlant à quelques personnes qu'il lui avait paru quelques rougeurs au front, le bruit se répandit partout qu'elle avait la rougeole. » Puis le sommeil recouvre tout jusqu'au lendemain.

Le terme « rougeole » ne doit pas nous induire en erreur. Il ne désigne pas à l'époque la maladie essentiellement infantile que nous connaissons aujourd'hui. Dans son *Nouveau Traité du pourpre, de la rougeole et petite vérole* de 1688, Porchon indique que ce sont des « maladies familières, qui frappent sans respecter aucun âge ». Ce que ces maladies ont en commun, c'est la fièvre. Il n'est pas surprenant que le médecin de la dauphine croie à une rougeole, car on en signale alors, nous dit Saint-Simon, de nombreux cas à Versailles et à Paris. Boudin en guette l'éruption qui ramènerait la maladie en cours à une cause connue et à un développement relativement prévisible. À ses yeux, elle signifie que la nature fait effort pour expulser du corps les humeurs qui le perturbent.

Mais les marques de l'éruption restent limitées. La fièvre ne relâche pas son emprise. Signe de l'incertitude dans laquelle tout le monde est plongé, à commencer par le médecin, Dangeau et Sourches rapportent, pour le mardi 9, des affirmations contradictoires sur la nature du mal. Le premier note que le roi « vint plusieurs fois dans la journée chez Mme la Dauphine, qui avait été saignée du pied la nuit, et qui fut toute la journée dans un grand assoupissement ; on trouve même que cet assoupissement est plus grand que celui que devait lui procurer l'opium. Cette maladie devient bien sérieuse. Quand elle se réveille, la tête paraît un peu engagée, la fièvre est assez violente. Boudin, son premier médecin, dit au roi à son souper qu'il ne doutait pas que ce ne fût la rougeole, qu'il en paraissait déjà quelques marques. En l'état où elle est, on souhaiterait que cela dégagerait la tête et diminuerait la fièvre ». Mais Sourches indique déjà que l'hypothèse d'une rougeole n'est plus de mise : le 9 au matin, « on apprit que Mme la Dauphine avait été saignée du pied, et qu'elle n'avait point la rougeole ; le roi alla la voir, et ensuite il alla aussi voir M. le Dauphin, lequel avait eu la fièvre toute la nuit, et qu'on avait parlé de saigner aussi, mais qui n'avait point voulu l'être, disant que son mal n'était venu que du chagrin ; mais il venait aussi de fatigue, ayant veillé trois nuits de suite auprès de Mme la Dauphine ».

Le mercredi se passe dans la même hésitation médicale. On donne de l'émétique – un vomitif composé de crème de tartre et d'oxyde d'antimoine hydraté, à la saveur nauséabonde – à la duchesse, mais sans produire aucun soulagement ; elle passe une très mauvaise nuit. Le lendemain, la dauphine est désormais si mal qu'on lui parle de recevoir les derniers sacrements : tout espoir semble disparaître. Le dauphin, terrassé par la fièvre, a dû quitter le chevet de son épouse. À neuf heures du matin, nous dit Sourches, on porte à celle-ci le viatique. Elle se confesse, puis on lui administre aussitôt l'extrême-onction et le viatique. Une heure après, c'est elle-même qui demande les prières pour les agonisants.

En désespoir de cause, il reste encore des remèdes extraordinaires, notamment une poudre dont la Palatine fait usage, qu'on appelle la poudre de la princesse de Kint. D'autres médecins sont convoqués au chevet de la duchesse, ce qui porte leur nombre à sept : tous sont pour la saignée, à l'exception de Boutard (qui a peu auparavant acheté la charge de médecin ordinaire de la dauphine). La saignée du pied est effectuée entre six heures et sept heures du soir, avant le redoublement de la fièvre que les médecins jugent moins fort que celui de la veille. Mais ils ne sont plus que les observateurs impuissants de ce qui tourne désormais à l'agonie. « La nuit fut cruelle », dit sobrement Saint-Simon.

Au matin du vendredi 12 février, sur les 9 heures, on donne de nouveau de l'émétique à la dauphine, sans grand effet. L'essentiel de la journée se passe dans l'administration des remèdes accoutumés : saignées et émétique. « Le 12 au matin, note Sourches, on disait que Mme la Dauphine était un peu mieux, et que M. le Dauphin avait eu la fièvre toute la nuit, et qu'ainsi, comme c'était une fièvre quarte, on l'allait saigner pour lui donner du quinquina l'après-dînée. Sur les dix heures du matin, on commença à dire que Mme la Dauphine était dans un état presque désespéré, et dans la suite on lui donna trois verres consécutifs et un lavement d'émétique, mais tout cela n'ayant fait aucun effet, on la crut morte, et le roi s'enferma chez la marquise de Maintenon, envoyant à tout moment savoir ce qui se passait. Sur les cinq heures du soir, l'émétique commença à faire un grand effet par haut et par bas, et l'on se flatta de quelques espérances, mais cela ne dura pas longtemps, et comme on vit qu'elle retombait dans ses mêmes faiblesses, on lui donna du *lilium paracelsi*, dont elle n'eut pas la force de soutenir l'effet. » Saint-Simon, qui ne s'attarde pas à décrire ces alternances d'éphémères embellies et d'accablement, en vient directement à l'issue fatale : « La journée se passa en symptômes plus fâcheux les uns que les autres ; une connaissance par rares intervalles. Tout à fait sur le soir, la tête tourna dans la chambre, où on laissa entrer beaucoup de gens, quoique le roi y fût, qui peu avant qu'elle expirât, en sortit, et monta en carrosse au pied du grand escalier avec Mme de Maintenon et Mme de Caylus, et s'en alla à Marly. » À huit heures du soir, la dauphine s'éteignit.

Confrontés à la maladie de la duchesse de Bourgogne, les médecins ont été bien en peine de formuler un diagnostic. Notre embarras est plus grand encore, puisque nous ne disposons que de rares éléments descriptifs, pas même du rapport de l'autopsie réalisée deux jours plus tard ; nous n'en savons que ce que Sourches en rapporte. Le diagnostic de rougeole (au sens de l'époque) a été contesté avant même l'aggravation ultime du mal. S'il semble compatible avec les complications présentées par le cas de la dauphine, notamment les violents maux de tête et les convulsions, le savoir scientifique qui est le nôtre aujourd'hui peut nous permettre de l'écarter.

Tout d'abord, l'éruption a un caractère peu marqué, et ne dure pas longtemps. On s'attendrait à un catarrhe oculo-nasal, soit à une hypersécrétion séreuse sans suppuration, mais rien ne l'indique nettement. Peut-être faut-il le deviner derrière les mentions de « fluxion au visage » et de « tête engagée », qui désigne aussi une fluxion dans le langage de l'époque. Dans des conditions normales de développement de la maladie, l'éruption eût dû être complète, ce qui eût été possible dans la durée considérée. Ensuite, la fièvre ne semble pas avoir été continue, du moins de niveau constant, puisqu'on indique qu'elle baisse dans la journée du 7 ; or la fièvre liée à ce qu'on nommait alors rougeole est connue à l'époque comme continue. Enfin, voici ce que Sourches nous livre, hélas trop succinctement, du résultat de l'autopsie réalisée le dimanche 14 février, soit quarante-huit heures après le décès : « À dix heures du soir, on l'ouvrit, on ne trouva aucune marque de rougeole, ni de petite vérole, ni de pourpre sur son corps, son cerveau et toutes ses parties nobles parurent sans aucune altération, et l'on dit seulement qu'elle avait le sang tout brûlé. Il y eut une assez grande dispute entre les médecins pour savoir si elle était grosse, mais enfin il passa pour constant qu'elle l'était de près de six semaines et même d'un garçon. »

Conclusion ? De l'avis d'un des médecins qui s'est penché à ma demande sur le cas de la dauphine, le docteur Viaud, on ne peut pas éliminer un diagnostic bien différent, celui d'un foyer infectieux bactérien d'origine très probablement dentaire. La duchesse de Bourgogne avait de très mauvaises dents, elle le savait et n'hésitait pas à s'en moquer elle-même. En janvier déjà, elle souffre d'une fluxion sur le visage, qui semble rentrer dans l'ordre ; puis au moment où commence sa maladie, elle a une forte douleur sous la tempe. « La fièvre se montra davantage quand les douleurs furent un peu calmées » : à ce moment précis, on peut émettre l'hypothèse que l'abcès perce, diminuant la douleur de compression, mais se déversant dans la circulation sanguine et créant donc une septicémie, d'où l'aggravation de la fièvre. La duchesse est peut-être morte d'une septicémie bactérienne à point de départ dentaire, un diagnostic que pourrait confirmer la douleur aiguë que rapportent toutes les sources.

La dauphine meurt le 12 février ; à cette date, son époux est lui-même alité et très malade. Mais tant que la dauphine est en vie, l'attention des témoins se porte surtout sur son sort, si bien que nous ne disposons que d'une information indirecte sur la maladie de son mari. Celle-ci est pourtant déjà pleinement à l'œuvre quand le dauphin devient l'objet de tous les regards. Le duc de Bourgogne a été pris par « la fièvre forte » dans la nuit du 7 au 8 février ; le lendemain, on a parlé de le saigner et il s'y est refusé. Le matin du 11, il a dû quitter le chevet de son épouse. Dans la matinée du 12, Sourches entend parler de fièvre quarte (soit une fièvre intermittente ayant deux accès en quatre jours) et annonce une imminente saignée suivie de l'absorption de quinquina dans l'après-midi, afin de diminuer la fièvre.

Le samedi 13 février, Saint-Simon vient voir le dauphin pour la dernière fois, et se retire effrayé par l'état du malade. « Il me montra qu'il s'en apercevait avec un air de douceur et d'affection qui me pénétra ; mais je fus épouvanté de son regard, également contraint, fixe avec quelque chose de farouche, du changement de son visage, et des marques plus livides que rougeâtres que j'y remarquai en assez grand nombre, et assez larges, et dont ce qui était dans la chambre s'aperçut comme moi. » L'après-midi, la fièvre augmente et le pouls est encore plus mauvais. Le dimanche 14, le dauphin ne cache pas à son médecin qu'il ne croit pas s'en relever, mais il est quand même capable de travailler trois heures avec M. de Torcy. Le lundi 15, il n'est pas mieux que la veille. Le soir, on relève, selon Sourches, que des rougeurs sont apparues sur son visage. Le mardi 16, les symptômes deviennent inquiétants, et Saint-Simon rapporte que le dauphin « se sentait dévorer par un feu consumant, auquel la fièvre ne répondait pas à l'extérieur ; mais le pouls, enfoncé [aux battements peu perceptibles] et fort extraordinaire, était très menaçant ». Puis, le mercredi 17, de l'avis de tous les témoins, le mal augmente considérablement, et le soir, dit Sourches, « on disait que M. le Dauphin n'était pas en bon état, encore que sa rougeole commençât à sortir un peu sur les cuisses, mais elle ne sortait point par les pieds, qu'il avait même assez froids ».

Tout se passe très vite désormais. Peu après minuit, le dauphin entend la messe, y communie, passe les deux heures suivantes « dans une grande communication avec Dieu » selon Saint-Simon, puis sa tête se brouille. Il meurt à huit heures et demie du matin. Sourches nous en dit un peu plus : « Le 18 au matin, on apprit que M. le Dauphin, se trouvant de plus mal en plus mal, avait fait prier le roi de trouver bon qu'à minuit il se fît dire sans bruit une messe dans sa chambre, à laquelle il pût communier, ne se trouvant pas encore assez mal pour le faire en viatique, et que, le roi y ayant consenti, dès que minuit avait été sonné, il avait fait commencer la messe par l'abbé du Cambout, aumônier du roi, lequel l'avait communié au temps et à la manière accoutumée, et que ce prince avait reçu Notre-Seigneur avec des sentiments extraordinaires de dévotion ; que, sur les cinq heures du matin, il lui avait pris un transport au cerveau si furieux que huit hommes avaient bien de la peine à le tenir ; que, sur les sept heures et demie, l'abbé du Cambout lui avait donné l'extrême-onction sans qu'il eût encore de connaissance, son transport continuant toujours ; mais que, sur les huit heures, elle lui était revenue, néanmoins sans qu'il pût parler, et qu'on lui avait vu lever les mains jointes au ciel ; que le père Martineau, son confesseur, lui ayant parlé plusieurs fois dans ces moments, il lui avait serré la main, et qu'ensuite il était mort paisiblement à huit heures et un quart. »

Pour le coup, la maladie du dauphin ressemble à la rougeole, dont elle a la progression typique, commençant au visage, puis descendant le long du corps pour atteindre les membres inférieurs en deux ou trois jours. Mais, d'après Madame, les boutons sont trop gros pour ressembler à ceux d'une rougeole ordinaire. L'encéphalite, l'agitation susceptible d'en résulter peuvent être des complications ; toujours selon Madame, qui n'en a pas été un témoin direct, le dauphin se mit à divaguer après avoir reçu l'extrême-onction, ne reconnaissant plus personne et battant la campagne. Aucun de nos témoignages ne signale le catarrhe oculo-nasal propre à la rougeole. Le peu que l'on sait grâce à Sourches de l'autopsie, réalisée vingt-quatre heures après le décès, ne nous éclaire pas. « Sur les dix heures du matin, on ouvrit le corps de M. le Dauphin, qu'on trouva tout gangrené depuis les pieds jusqu'à la tête, ayant le cœur flétri et un des côtés du poumon pourri. » Il ajoute encore en note : « On disait même qu'il avait la peau du col tout brûlée, aussi bien que l'œsophage, ce qui donna lieu à beaucoup de mauvais soupçons que sa mort n'était pas venue d'une cause naturelle. » Pourtant à aucun moment de la maladie nos sources ne mentionnent de signes pulmonaires. L'état du poumon et les lésions cardiaques semblent avoir été laissés inexpliqués par le médecin qui réalisa l'autopsie. D'après Madame, « le cœur était desséché et aplati, d'où l'on conclut qu'il est mort de chagrin ».

Trois semaines après la disparition des parents, leurs deux enfants, le duc de Bretagne, devenu dauphin, et le duc d'Anjou son cadet tombent malades. Le cours de la maladie est extrêmement rapide pour le petit dauphin, âgé de cinq ans. Tout est consommé entre le samedi 5 et le mardi 8 mars. Sourches est notre source quasi exclusive de renseignements : le 5, rapporte-t-il, le dauphin saigne très abondamment du nez, tandis que son frère a de la fièvre et des convulsions, qu'on hésite à imputer à ses dents, en train de percer. Le dimanche 6, des marques de rougeole apparaissent sur les deux Fils de France, comme sur leurs parents, dit-on alors. Le dauphin transpire abondamment, se plaint d'un mal de dents. Le lendemain, l'inquiétude grandit, et les médecins suggèrent que les enfants sont la proie de la même maladie qui, selon eux, a emporté le duc et la duchesse de Bourgogne. Une telle déclaration est un aveu d'impuissance. Pourtant, les médecins ne veulent pas s'avouer vaincus par ce mal qui les dépasse. Encore le mardi 8, « on sut ce jour-là que les deux jeunes princes étaient extrêmement mal, que les médecins avaient été d'avis de saigner M. le Dauphin, qu'il était survenu une sueur qui les en avait empêchés ; que cependant on l'avait saigné depuis, et qu'on lui avait donné l'émétique ; que le duc d'Anjou était tout couvert de rougeole, mais aussi en très grand danger ».

Dans cette urgence, Fagon et ses collègues reportent leurs soins fébriles sur le dauphin, abandonnant le duc d'Anjou à la gouvernante des Enfants de France, la duchesse de Ventadour, qui refuse toute saignée. C'est ainsi qu'elle le sauve, car le petit duc de Bretagne meurt aux alentours de minuit. Quant à son frère, il semble aller mieux avant de se mettre à « faire du sang », phénomène spectaculaire sans doute dû à un processus septicémique qui entraîne des troubles de la coagulation, donc de possibles saignements, et une extravasation de sang sous la peau : le processus produit alors de nombreuses taches rouges, parfois confluentes, causant selon toute vraisemblance ce que la médecine d'alors appelait « pourpre ». Madame nous livre davantage de détails : « Les médecins ont commis la même faute qu'avec Mme la Dauphine. Car le petit dauphin était déjà tout empourpré de la rougeole et en transpiration, qu'ils lui ont fait une saignée, puis donné de l'émétique, et au milieu de l'opération le pauvre enfant est mort. Et ce qui prouve bien qu'ils l'ont tué, lui aussi, c'est que son petit frère étant atteint de la même maladie et les neuf docteurs étant occupés de l'aîné, les femmes du plus jeune se sont enfermées avec lui et lui ont donné un biscuit et un peu de vin. Hier l'enfant avait une forte fièvre, ils ont voulu le saigner, mais Mme de Ventadour et la sous-gouvernante du prince, Mme de Villefort, s'y sont fortement opposées et n'ont absolument pas voulu le souffrir. Elles l'ont simplement tenu bien au chaud, et cet enfant a été sauvé, à la honte des docteurs. Si on les avait laissés faire, sûrement il serait mort. »

Au matin du 10 mars, l'autopsie du petit dauphin révèle une forme de gangrène générale, et « les vaisseaux de son cerveau extraordinairement dilatés » ; le soir même, nous dit Sourches, son frère semble tiré d'affaire ; c'est lui, désormais, qui portera le titre de dauphin.

Avec de telles sources, un diagnostic *a posteriori* est tout simplement impossible. Seules des hypothèses peuvent être formulées. Mais elles permettent du moins d'écarter la rumeur d'empoisonnement, qui a enflé dès la maladie de la dauphine : Saint-Simon rapporte qu'une étrange boîte de tabac d'Espagne lui avait été apportée par le duc de Noailles, le jour même où la fièvre la prit, une boîte mystérieuse que nul ne retrouva jamais. Tout d'abord, cette boîte ne semble pas avoir été offerte au duc de Bourgogne et, bien entendu, son contenu ne pouvait concerner les deux garçons. En outre, aucun des médecins, ni du vivant des malades, ni lors de leur autopsie, n'a relevé de traces de poison. Des morts si rapprochées ont frappé les esprits, bouleversé les combinaisons des uns et des autres à la cour, suscitant espérances et désespoirs, attisant les haines et les jalousies. Il n'en fallait pas plus pour que d'aucuns désignent à la vindicte publique celui que la faucheuse rapprochait si vite des marches du trône, Philippe d'Orléans, fils de Monsieur, frère du roi, et de la Palatine.

L'existence même de cette rumeur a l'intérêt de nous rappeler qu'autour de ces moribonds s'agitait ou retenait son souffle une cour bruissante et inquiète, travaillée elle aussi par les épidémies, frappée par les décès. Car les quatre agonies survenues dans la famille royale ne se sont pas produites loin des regards, y compris celle de Monseigneur à Meudon. Elles ne peuvent être séparées de leur environnement sanitaire, celui de la cour, un milieu propice aux épidémies. Les splendeurs de Versailles ou de Marly occultent ce que Louis XIV lui-même n'avait pas perdu de vue : la cour, comme tant d'autres concentrations humaines, villes ou armées, est vulnérable. La présence de tant de gens venus d'horizons divers, des provinces ou des régiments en plus de Paris, l'entassement dans le château, l'absence de précautions sanitaires suffisaient à exposer la famille royale, les courtisans ou le personnel, civil et militaire, aux attaques des maladies. En ces années qui suivent la terrible épreuve du Grand Hiver, Versailles offre un tableau sanitaire peu encourageant. Si c'est en 1709 que le commun des sujets a le plus souffert, du froid et de ses conséquences sur les récoltes comme des maladies, c'est à partir de Pâques 1711 que les temps les plus durs commencent pour Louis XIV et les siens.

Au printemps 1711, Louis XIV est très soucieux d'éviter la contagion en tenant à l'écart de Meudon les familiers qui n'ont pas encore eu la petite vérole et qu'il faut protéger. Dans les jours qui suivent la disparition de Monseigneur meurt à Versailles la duchesse de Villeroy qui, en dépit de sa peur intense de la petite vérole, était quand même venue à Marly dans la suite de la dauphine. Le roi doit allonger son séjour à Marly, tant la maladie semble se refuser à déserter Versailles, et comme le nouveau dauphin et son frère le duc de Berry [1] ne l'ont point eue, dit Dangeau, on préfère les en éloigner.

À la fin de l'hiver 1712, c'est de rougeole qu'il est beaucoup question. À partir du 26 février, les mentions de cette maladie se multiplient sous la plume de Dangeau : M. de Seignelay est emporté brutalement à Paris « d'une maladie de venin ». « On croyait que ce n'était au plus qu'une légère rougeole ; après sa mort on l'a trouvé tout couvert de pourpre. » Le 4 mars, on apprend que Mme de Mailly, qui avait eu la charge de la garde-robe de la dauphine, a la rougeole, puis le 6 que c'est le tour de Mme de Louvois. Le 7, le dauphin passe pour être atteint, le duc d'Anjou aussi. Après

1. Charles de France, troisième et dernier fils de Monseigneur et de Marie-Anne de Bavière, naquit en 1686 à Versailles. Il n'avait reçu qu'une éducation négligée et ressemblait physiquement beaucoup à son père. C'était, comme lui, un bon vivant. Il fut marié le 7 juillet 1710 à Marie-Louise d'Orléans, fille de Philippe d'Orléans (le futur Régent) et de Mlle de Blois, née des amours du roi et de Mme de Montespan. Fils de France, le duc de Berry n'était en position d'hériter de la Couronne que si le duc de Bourgogne et ses fils venaient à disparaître, et encore fallait-il que Philippe V d'Espagne eût été contraint à renoncer à ses droits.

la mort du dauphin, la rougeole continue de frapper çà et là.

La cour est aussi une caisse de résonance : les nouvelles et parfois les rumeurs s'y diffusent très vite. Maladies des uns et des autres, rémissions, guérisons, mais aussi agonies et décès. On ne fait pas que scruter les aléas de la faveur. On observe aussi la santé ou les malheurs d'autrui. Ceux de la famille royale ne se limitent pas aux quatre décès dont nous avons détaillé les circonstances. Le roi n'eut pas uniquement à craindre pour son fils, ses petits-enfants Bourgogne et ses arrière-petits-fils Bretagne et Anjou. Plusieurs autres membres de la famille royale ont failli disparaître entre la mort de Monseigneur et celle du duc de Bretagne. Le poids accablant de ces onze mois n'a pas été fait que des deuils, il tient aussi à ces coups du sort, oubliés depuis, mais qui auraient pu être funestes. Il s'en est fallu de peu que Louis XIV finisse en patriarche désolé d'une lignée dépeuplée. En moins d'un an, il aurait pu voir disparaître la totalité de ses fils, le légitime comme les légitimés.

Il n'y avait pas deux mois que Monseigneur s'était éteint que son frère adultérin, le duc du Maine, fils du roi et de Mme de Montespan, se trouva « à la dernière extrémité », la nuit du 6 au 7 juin 1711 à Marly. Une attaque foudroyante manqua de l'emporter, tandis que sa femme était à Sceaux, malade elle aussi. Dangeau : « Le mal de M. du Maine a été si grand qu'on l'a cru mort durant quelques minutes ; cette nuit il a été plus de trois heures sans connaissance, et sans un valet de chambre qui couchait dans sa chambre il serait mort infailliblement. Ce valet heureusement ne dormait point ; il appela promptement du secours. Maréchal y vint en pantoufles, qui le saigna au milieu de ses convulsions ; on lui donna tous les remèdes les plus violents. La parole lui revint, et il parla latin assez longtemps ; mais enfin la connaissance lui revint tout à fait, après que les remèdes violents qu'on lui avait donnés l'eurent beaucoup fait vomir. Mme la Duchesse et les princesses ses filles qui avaient fait médianoche se promenaient dans le jardin quand le mal commença, qui fut avant deux heures ; elles coururent dans sa chambre, et y passèrent la nuit. Sur les sept heures il se confessa, et on le laissa dormir ensuite ; il passa le reste de la journée assez tranquillement. Quand on lui proposa, après sa confession, de dormir, il répondit : “Je crains de ne me pas réveiller.” » Deux jours après, il est de nouveau sur pied. La mort s'est introduite, brutale et dissimulée, en pleine fête. Sans un heureux concours de circonstances, elle aurait emporté un membre de plus de la famille royale.

Juin va vers sa fin quand c'est au tour du comte de Toulouse, frère du duc du Maine, d'être incommodé d'un mal dans la vessie, qu'on subodore être la maladie de la pierre. Il traîne ses douleurs tout l'été avant de se faire enfin sonder fin octobre. Le sentiment que la mort est aux aguets est difficilement dissimulable. Louis XIV « lui parla sur son état par rapport à la religion, et le trouva fort disposé à recevoir les sacrements avant que de se faire sonder ». L'opération eut lieu le 7 novembre de bon matin, effectuée par Maréchal : « On apporta au roi à son lever la pierre qu'on lui a tirée, qui est grosse comme un gros abricot, et si dure qu'elle ne s'est point cassée quoique le roi, en la montrant aux courtisans, l'ait laissé tomber. M. le comte de Toulouse, qui s'était préparé à cette opération avec beaucoup de fermeté, en a encore marqué davantage quand on l'a taillé ;

il a dit qu'il a moins souffert de la taille que par les cruelles douleurs qu'il souffrait de temps en temps. Boudin, premier médecin de Mme la Dauphine, pleurait pendant cette opération. M. le Comte lui dit : "Vous pleurez, Boudin, c'est être trop tendre pour un homme de votre profession." » Seuls les médecins et les chirurgiens purent, les premiers jours, entrer dans la chambre du malade et, pendant deux semaines, la traversée de la galerie des Glaces qui s'étendait au-dessus de son appartement fut interdite.

La vie des puissants de la terre est bien fragile. Madame l'éprouva avec une telle intensité après la mort de la dauphine et du dauphin qu'elle ne put s'empêcher de l'exprimer à sa tante, la duchesse de Hanovre : « Je suis encore tellement ébranlée que je ne peux pas me remettre, je ne sais presque pas ce que je dis. Vous qui avez bon cœur, vous aurez certainement pitié de nous, car la tristesse qui règne ici ne se peut décrire. Je vois que tous, tant que nous sommes ici, nous allons mourir les uns après les autres. »

Riche ou pauvre, on n'est que trop exposé à périr, et il est prudent de s'y préparer.

2

À l'heure ultime

L'idée que la mort puisse approcher comme un voleur et dérober à l'agonisant ce temps qui le voit, explique Bossuet, affronter un moment capital, « celui de la décision de notre sort pour toute l'éternité », est, pour les contemporains de Louis XIV, une perspective effrayante. On redoute alors bien moins la souffrance physique que de paraître devant Dieu par surprise, sans les derniers sacrements. C'est pourtant ce qui se produit pour le propre fils du roi : Monseigneur a été malade assez longtemps pour qu'on fasse venir son confesseur à Meudon, mais il est emporté en quelques heures, sans qu'on prenne la peine de lui faire donner l'absolution tant qu'il est encore vraiment conscient.

Cette mort étrange, troublante, bon indice au demeurant de la confusion et de la panique qui ont surgi auprès de Monseigneur mourant, balaie d'une lumière rasante les autres agonies de l'année des quatre dauphins. Elle n'est pas l'épisode le moins étonnant de cette déroute familiale, et il n'est pas exagéré de supposer qu'elle fut pour Louis XIV bien plus angoissante que les défaites de Blenheim ou de Turin, lesquelles avaient fait savoir au monde que les armées du Mars très chrétien n'étaient plus invincibles. L'agonie sans sacrements de Monseigneur hantera la fin de sa belle-fille, celle de son fils mais aussi celle du vieux roi, en 1715. À chaque fois, le mourant ou son entourage prendra soin de prévenir la mort en recevant ou en faisant administrer à temps les derniers sacrements.

Les sept sacrements de l'Église catholique sont signes efficaces de grâce. Ils sont comme les canaux par lesquels la vie de Dieu se répand dans celle du fidèle. À l'approche de la mort, trois d'entre eux lui sont administrés par le prêtre afin de le préparer à la rencontre décisive avec Dieu : le sacrement de pénitence, l'eucharistie et enfin l'extrême-onction. Après avoir confessé ses péchés et s'être abandonné à la miséricorde de Dieu, le malade ou le moribond reçoit l'absolution. Absout, il peut communier, autrement dit recevoir l'eucharistie, l'hostie consacrée qui, de pain, est devenue le corps même de Jésus-Christ mort et ressuscité. La messe, pendant laquelle le prêtre prononce sur l'hostie les propres paroles du Christ, « Ceci est mon corps », est le renouvellement, non sanglant, du sacrifice du Christ lors de sa passion. En recevant l'absolution puis le corps du Christ, le fidèle entre en étroite union avec le Sauveur qu'il va peut-être bientôt rejoindre. Mais un tel passage, dont on sait si peu de choses, a de quoi vivement inquiéter, car c'est alors que se livre l'ultime combat entre le salut et la perdition, avec l'éternité pour enjeu. La dernière communion du malade en danger de mort prend le nom de « viatique », de provision pour la route.

Si le baptême a ouvert au chrétien la vie véritable, l'extrême-onction lui donne, selon le Catéchisme du concile de Trente, « un chemin plus facile et plus sûr pour aller au ciel ». Inspirée par l'exemple de ceux qui venaient se présenter aux Apôtres pour être guéris, elle est une prière pour obtenir le salut de l'âme et la santé du corps. Les Pères du concile de Trente ont bien précisé que, si elle est administrée uniquement à ceux qui sont dangereusement malades et qu'on peut craindre proches de leur fin, elle n'est pas destinée à ceux qui ont déjà perdu l'usage de leur raison et de leur sens. En pareil cas, on espère une issue favorable qui puisse tourner « au profit du bonheur éternel » du malade. Le prêtre applique sur différentes parties du corps l'huile consacrée afin que par cette onction le Seigneur pardonne au malade ce qu'il a fait de mal par la vue, l'odorat ou le toucher.

Les effets attendus de l'extrême-onction sont nombreux et variés. Elle remet les péchés, et même, directement, les péchés véniels ; elle guérit l'âme de la langueur et de l'infirmité dues aux péchés ; elle éloigne toute tristesse ; elle donne des armes et des forces pour vaincre le diable. Elle permet enfin de rétablir la santé du corps quand cela est avantageux au malade. Mais pour les moribonds de la famille royale comme pour les autres sujets du roi, la manière d'administrer ce sacrement traduit un certain décalage avec ce qu'avaient pu écrire les rédacteurs du Catéchisme du concile de Trente. Dans le cas de la duchesse de Bourgogne, il n'y a plus d'espoir de la sauver. Selon l'usage désormais en vigueur dans le diocèse de Paris, on inverse l'ordre prescrit en faisant suivre la confession immédiatement par l'extrême-onction, le viatique venant en dernier. Pour le dauphin, qui s'est confessé, puis a communié à la première heure du 18 avril, on a attendu que sa tête commençât à s'embrouiller pour faire les onctions. Il mourut quelques heures plus tard. Chacune de ces morts a son déroulement spécifique. Mais aucune ne s'accomplit sans qu'un prêtre ait été là, même celle de Monseigneur, ce qui mit le comble à son étrangeté.

Monseigneur, une fois malade, semble avoir été plus inquiet et plus lucide qu'il ne voulait peut-être le laisser paraître. Le lundi 13 avril, les deux harengères parisiennes députées auprès de lui et qu'il a voulu faire entrer à son chevet, vers trois heures de l'après-midi, se réjouissent-elles de le savoir hors de danger au point de parler de *Te Deum*, il leur répond : « Il n'est pas encore temps, mes pauvres femmes. » Prudence ou prescience ? Il leur fait montrer sa maison, servir à dîner et donner de l'argent. Quand elles repartent, elles sont soulagées, et laissent aux gardes de quoi boire à la santé de Monseigneur. On peut alors le croire tiré d'affaire. Mais tout se précipite à partir de cinq heures du soir. On s'aperçoit que Monseigneur est devenu tout pâle. On lui demande s'il se trouve mal et il a encore la force de répondre que oui, et beaucoup. Il n'est plus ensuite en état de parler.

À aucun moment il n'a été question de lui donner les derniers sacrements. Personne n'a cru possible une brutale aggravation de la maladie. Personne n'a évoqué l'alerte survenue dix ans plus tôt, le 19 mars 1701, lorsqu'on l'avait jugé perdu à cause d'une attaque. Il fut alors sauvé par un de ses valets de chiens, Salentin, qui prit l'initiative de lui desserrer les dents avec son couteau, ce qui relança la respiration. Une fois revenu à lui, il demanda un confesseur. Déjà, les dames de la Halle accoururent lui sauter au cou et lui baiser les mains. Huit jours plus tard, Monseigneur était de nouveau sur pied et un *Te Deum* fut chanté à Saint-Eustache en reconnaissance de sa guérison.

En avril 1711, en dépit du risque de contagion, bien des gens se pressent autour de Monseigneur en cette semaine de Pâques. Même le père Michel Le Tellier, jésuite, confesseur du roi et du dauphin, se trouve là, tout proche, un étage ou deux au-dessus, n'attendant que le moment d'intervenir. Pourtant, la mort fond sur Monseigneur sans qu'il ait vraiment pu s'y préparer, au moment où on pouvait la croire en train de s'éloigner. Certes, le malade s'est confessé, quelques jours auparavant, le jeudi saint ; mais sa mort survient sans être accompagnée des sacrements : pas de confession, ni de communion, ni d'extrême-onction, une simple absolution donnée à un agonisant qui a déjà perdu connaissance. Comment en est-on arrivé là ?

À partir du vendredi 10 avril, Louis XIV vient s'installer à Meudon, dans le château racheté à la chancelière Le Tellier en 1695 et agrandi ensuite par Monseigneur, prévoyant d'y rester le temps que durera la maladie. Il arrive avec sa suite (« qu'il borna à son service le plus étroit », rapporte Saint-Simon) et ses ministres qui y passent tous la nuit, hormis le chancelier de Pontchartrain. Pour faire de la place, Du Mont, premier valet de chambre, a déjà renvoyé une partie des invités qui étaient arrivés avec Monseigneur. Mais plusieurs dames restent là pour s'occuper du maître de maison, à commencer par deux de ses sœurs adultérines : celle qu'on appelle Mme la Duchesse, fille de Louis XIV et de Mme de Montespan, qui a survécu de justesse à la petite vérole [1] ; et la princesse de Conti, fille du roi et de Mlle de La Vallière [2]. Mme de Maintenon, qui s'est aussi installée à Meudon, ne bouge pas de sa chambre, où elle prend ses repas avec Mme de Dangeau, sauf le 11 : ce jour-là elle va dîner chez sa parente, Mme de Caylus, obligée de se tenir à Versailles puisqu'elle n'a jamais eu la petite vérole.

Le maître de maison est installé au rez-de-chaussée, ce qui complique la circulation pour qui n'a pas la permission d'accéder à sa chambre. Ainsi le roi doit-il faire entrer la duchesse de Bourgogne par son propre appartement, qui est relié à l'extérieur par un petit pont, afin qu'elle évite la cour et la proximité du malade. Il y a simultanément plusieurs Meudon dans les deux châteaux surpeuplés pour l'occasion : le cœur provisoire de l'État puisque c'est ici que le roi tient Conseil et travaille avec ses ministres ; la chambre occupée par Monseigneur que ne veulent pas quitter Mme la Duchesse ni la princesse de Conti, et que le roi visite régulièrement ; les officiers de la Maison du roi qui servent leur maître et son fils ; la presque totalité des ministres. Ajoutons-y des courtisans venus auprès du roi et des pages chargés de porter les nouvelles aux princes tenus à l'écart par ordre royal.

1. Épouse de Louis III de Condé, duc de Bourbon, mort en 1710. Lors de la nuit du 12 au 13 novembre 1686, ce fut le vieux Condé, le vainqueur de Rocroi devenu infirme, qui se mit en travers de la porte afin d'empêcher le roi d'entrer dans la chambre où elle était à toute extrémité. Rétablie, elle devint la maîtresse du prince François-Louis de Conti.

2. Quand son époux, Louis-Armand, prince de Conti, disparaît en 1685, elle devint princesse douairière ; pour éviter toute confusion, on se mit à l'appeler la « grande princesse » après le mariage de François-Louis, prince de Conti, avec celle qu'on dénommait la « jeune princesse ».

Est-ce tout ? Non, car ce serait omettre les deux personnages essentiels de ce drame qui sont là, invisibles l'un à l'autre, le père Le Tellier et celle qu'on continue d'appeler Mlle de Choin : lui hante la maison sans pouvoir approcher Monseigneur, elle visite le malade plusieurs fois par jour, « tous deux incognito, nous dit Saint-Simon, relégués chacun dans leur grenier, servis chacun dans leur chambre, vus des seuls indispensables, et sus pourtant de chacun, avec cette différence que la demoiselle voyait Monseigneur jour et nuit sans mettre le pied ailleurs, et que le confesseur allait chez le roi et partout, excepté dans l'appartement de Monseigneur ni dans tout ce qui approchait ».

Émilie Joly de Choin a sans doute été au dauphin ce que Mme de Maintenon était à son père : plus qu'une maîtresse, une épouse secrète. Les jugements des contemporains étant fort divergents à son sujet, il est difficile de la dépeindre. Saint-Simon, qui se garde bien de trancher la question du mariage, penche pour la négative, invoquant le peu de charme de l'intéressée : « Ce n'a jamais été qu'une grosse camarde brune, qui, avec toute la physionomie d'esprit, et aussi le jeu, n'avait l'air que d'une servante, et qui, longtemps avant cet événement-ci, était devenue excessivement grasse et encore vieille et puante. » D'autres témoignages lui sont bien plus favorables et insistent au contraire sur son esprit. Monseigneur a côtoyé Mlle de Choin quand elle était fille d'honneur de la princesse de Conti et, depuis son veuvage en 1690, il ne peut plus se passer d'elle. Il est vraisemblable qu'il l'a secrètement épousée, mais il est encore plus sûr qu'il se montrait envers elle d'une générosité inversement proportionnelle à l'attachement profond qu'il lui vouait. Pourtant, Mlle de Choin a cette qualité, rare à la cour, d'être désintéressée, comme Saint-Simon lui-même le reconnaît.

En 1694, elle a bien failli tout perdre, place et affection. Le prince de Conti et le maréchal de Luxembourg l'utilisèrent alors afin de se rendre maîtres de l'esprit de Monseigneur en manipulant les deux femmes que celui-ci estimait le plus, sa demi-sœur, la « grande princesse » de Conti, et sa maîtresse, Mlle de Choin. Pour tenir les deux, ils recoururent à un maître de camp sans scrupules et au physique avantageux, le comte de Clermont-Chatte, qui proposa le mariage à la demoiselle et séduisit la princesse, tout en inspirant confiance à Monseigneur… La manipulation aurait pu réussir si Louis XIV n'avait été informé de ce dessein grâce au contrôle du courrier. Au premier jour de pluie l'empêchant d'aller à la chasse, il fit venir sa fille et lui mit sous les yeux les lettres du jeune premier aux deux rivales qui s'ignoraient, ainsi que les réponses de la demoiselle. Cette dernière fut chassée de la cour et le séducteur dut quitter l'armée. L'humiliation de la « grande princesse » n'avait pas été mince. Mlle de Choin demeura dans le cœur de Monseigneur, comme l'avait espéré le roi qui, s'il la fit évincer de la cour, lui attribua néanmoins une pension. Elle fut désormais toute dans l'intimité de Monseigneur qui pourrait bien l'avoir épousée cette même année 1694. Louis XIV n'y a sans doute vu que des avantages. Son fils ayant déjà trois garçons, il n'était pas du tout nécessaire qu'il se remariât. La modestie de la demoiselle et le peu dont elle se satisfaisait plaidaient en sa faveur. Elle offrait une assurance de stabilité, sentimentale et domestique. Le roi y retrouvait aussi quelque chose de sa propre situation avec Mme de Maintenon.

Celle-ci n'a jamais soulevé la moindre objection quant à la présence de cette belle-fille clandestine du roi, absente de Versailles mais au cœur de Meudon. Saint-Simon : « À la voir aux parvulo [1] de Meudon dans un fauteuil devant Monseigneur, en présence de tout ce qui y était admis, Mme la duchesse de Bourgogne et Mme la duchesse de Berry, qui y fut tôt introduite, chacune sur un tabouret, dire devant Monseigneur et tout cet intérieur la duchesse de Bourgogne et la duchesse de Berry et le duc de Berry, en parlant d'eux, répondre souvent sèchement aux deux filles de la maison, les reprendre, trouver à redire de leur ajustement, et quelquefois à leur air et à leur conduite, et le leur dire, on a peine, à tout cela, à ne pas reconnaître la belle-mère et la parité avec Mme de Maintenon. » La duchesse de Bourgogne l'appelle toutefois « mademoiselle » et non « ma tante », comme elle le fait pour Mme de Maintenon.

En ce mois d'avril 1711, Meudon offre le spectacle étonnant d'une série de présences simultanées mais jugées incompatibles. Mlle de Choin voit Monseigneur plusieurs fois par jour quand la princesse de Conti et le roi ne sont pas auprès de lui, mais Louis XIV est au courant. Mme de Maintenon ne sort guère de sa chambre et ne va pas visiter Monseigneur. Elle sait que Mlle de Choin est là et le roi lui reproche du reste de n'être pas allée la voir. Enfin, le père Le Tellier est tout proche, mais n'a accès ni à Monseigneur, ni à Mlle de Choin. La catastrophe finale fut le résultat de ces

1. C'est ainsi que Saint-Simon désigne la société très restreinte dont s'est entouré Monseigneur. *Parvulus* est le diminutif de *parvus*, petit, en latin.

éclipses et de l'excessive confiance du roi dans Fagon, son premier médecin.

Tolérer la maîtresse officiellement bannie de la cour, peut-être l'épouse clandestine, c'est conserver l'espoir d'un rétablissement. Laisser surgir prématurément le confesseur, c'est contredire l'assurance de Fagon, inquiéter le malade, peut-être aussi provoquer le départ de Mlle de Choin dont on aura encore bien besoin si Monseigneur recouvre la santé. La maîtresse (ou l'épouse) et le jésuite, également discrets, incarnent les possibles entre lesquels le sort n'a point encore tranché. Mais lorsque tout bascule, Mlle de Choin a déjà dû se retirer et personne n'est allé, pour autant, quérir le père Le Tellier. « Tout en ce genre tremblait sous Fagon », résume Saint-Simon. Le médecin tâche de rétablir la situation sans mettre le roi au courant. Quand Monseigneur perd connaissance, Fagon, saisi de panique, court prévenir le roi qui, sortant de table, le voit surgir criant que tout est perdu. L'agonie a commencé. C'est alors seulement, nous dit Saint-Simon, que Louis XIV envoie chercher le père Le Tellier. Le jésuite, qui vient de se mettre au lit, s'habille en hâte pour venir au chevet du malade – mais il n'est plus temps.

La question de l'absolution donnée à Monseigneur fut pour Louis XIV une affaire douloureuse. D'ordinaire si maître de lui-même et si courtois, le roi, « très peiné du défaut de confession, maltraita un peu ce premier médecin », selon Saint-Simon. Il n'y eut pas de viatique et peut-être pas non plus d'extrême-onction. Le dauphin eut-il la possibilité d'exprimer du repentir avant de basculer dans l'inconscience ? Dangeau n'en dit rien, Sourches non plus. Breteuil note qu'« il ne put être confessé et reçut seulement l'extrême-onction un peu avant de mourir ». C'est peu plausible, compte tenu des témoignages de Mme de Maintenon et de Saint-Simon, qui sont les seuls à évoquer les derniers moments du prince avec quelque précision.

Dans une lettre à la princesse des Ursins, Mme de Maintenon mêle son propre témoignage à celui du premier chirurgien Maréchal et à ce que le roi lui a raconté : « Sur les onze heures on vint le chercher, en lui disant que Monseigneur était très mal. On descendit, on le trouva avec des convulsions et sans aucune connaissance. Le curé de Meudon arriva avant le père Le Tellier, que le roi avait pourtant eu la précaution de faire tenir à Meudon, et cria : "Monseigneur, n'êtes-vous pas bien fâché d'avoir offensé Dieu ?" Maréchal, qui le tenait, assure qu'il répondit "Oui". Le curé reprit : "Si vous étiez en état de vous confesser, ne le feriez-vous pas ?" Le prince répondit "Oui". Le père Le Tellier assure qu'il lui serra la main, après quoi il lui donna l'absolution. » Tout repose donc sur le double témoignage de Maréchal et du jésuite. Louis XIV ne semble pas avoir assisté à la scène, sinon il n'eût sans doute pas éprouvé un tel mécontentement. Le malade n'est plus en état de réagir. Le jésuite s'est rendu à son chevet avant le dernier soupir. Rien ne dit que l'extrême-onction a été administrée, même si on a peut-être eu le temps de le faire.

Saint-Simon confirme la venue du curé, le père Louis de Rond, et évoque rapidement dans ses *Mémoires*, nous l'avons vu, son arrivée inopinée. Il n'y a pas contradiction entre ce qu'écrit Saint-Simon et la lettre de Mme de Maintenon. Les mêmes personnages sont là et il n'y a pas eu confession. Mais selon les récits, Monseigneur est encore capable de prononcer un « oui », ou bien il a déjà perdu l'usage de la parole, de sorte que seuls le regard et la main peuvent apporter une réponse aux questions que tente de poser le curé. Dans la première hypothèse, ce devait être un filet de voix si Maréchal, qui le tenait, est le seul à avoir entendu le « oui ». Au mieux, Monseigneur a cherché à manifester sa contrition. Au pire, il était déjà sans véritable connaissance. Saint-Simon semble hésiter, parlant d'abord d'une mort « sans sacrements » comme quand il annotait Dangeau, puis du seul « défaut de confession ». Toujours est-il que le bruit s'est répandu à la cour que Monseigneur est mort sans les sacrements, alors même que le confesseur du roi était présent sous son toit. Il n'a pas reçu le viatique et n'a pas davantage pu se confesser. L'absolution lui a été donnée, mais était-il encore conscient ? N'a-t-on pas voulu soulager un peu la souffrance du roi en embellissant l'état du moribond ? Qu'entendait le père Le Tellier par une « absolution bien fondée » ?

Ce qui est sûr, c'est que Monseigneur a manifesté par signes son désir de se confesser, même si la parole ne lui était plus d'aucun secours. Il avait auprès de lui le curé de Meudon, chapelain du château, soit le confesseur ordinaire. Les conditions de validité du sacrement étaient donc réunies [1]. Le plus vraisemblable est que le curé de Meudon a lui-même donné l'absolution, tandis que le père Le Tellier s'est ensuite fait valoir auprès du roi en assurant l'avoir fait. Monseigneur est mort absout, mais sans les derniers sacrements.

---

1. Je remercie vivement le père Armogathe de m'avoir éclairé sur cette question, notamment grâce à ce qu'a écrit Suarez à ce propos, dans le tome XXII de ses *Opera omnia, commentar. In IIIam partem STh.*

Mais qui pouvait le confesser ? et jusqu'où s'étendait le pouvoir de l'absoudre ? Là se trouve peut-être une autre raison de l'inquiétude royale et paternelle. Confesseur ordinaire, le curé a le droit de donner l'absolution, mais il n'a pas le pouvoir d'absoudre les cas réservés [1] (sauf peut-être *in articulo mortis* comme ce fut le cas). Jésuite confesseur du roi, le père Le Tellier avait sans doute reçu du Saint-Siège cette faculté. Dans ces conditions, Louis XIV a pu trouver que l'absolution donnée par le curé de Meudon était insuffisante.

On mesure la peine éprouvée par le roi en voyant le soin qu'il prit à ce que les derniers sacrements fussent bien administrés à celle qu'il appelait sa petite-fille, lorsqu'il lui parut qu'elle ne survivrait pas.

Au matin du 11 février, après une nuit éprouvante, ceux qui veillaient la dauphine comprirent que la fin était proche. Sans nul doute, l'exemple de Monseigneur était présent à l'esprit de tous, à l'exception de l'intéressée qui découvrit brutalement dans toute son ampleur la gravité de la situation et le peu d'espérance qu'on avait désormais de la sauver. Écoutons Saint-Simon qui a donné le récit le plus détaillé de cet épisode :

« La Princesse était si mal qu'on résolut de lui parler de recevoir ses sacrements. Quelque accablée qu'elle fût, elle s'en trouva surprise : elle fit des questions sur son état ; on lui fit les réponses les moins effrayantes qu'on put, mais sans se départir de la proposition, et peu à

1. Ceux des péchés qui ne peuvent être remis que par le pape ou l'évêque, ou encore par un prêtre ayant reçu d'eux un pouvoir spécial.

peu des raisons de ne pas différer. Elle remercia de la sincérité de l'avis, et dit qu'elle allait se disposer. Au bout de peu de temps on craignit les accidents. Le père La Rue, jésuite, son confesseur et qu'elle avait toujours paru aimer, s'approcha d'elle pour l'exhorter à ne pas différer sa confession ; elle le regarda, répondit qu'elle l'entendait bien, et en demeura là. La Rue lui proposa de le faire à l'heure même, et n'en tira aucune réponse. En homme d'esprit, il sentit ce que c'était, et, en homme de bien, il tourna court à l'instant : il lui dit qu'elle avait peut-être quelque répugnance de se confesser à lui, qu'il la conjurait de ne s'en pas contraindre, surtout de ne pas craindre quoi que ce soit là-dessus ; qu'il lui répondait de prendre tout sur lui ; qu'il la priait seulement de lui dire qui elle voulait, et que lui-même l'irait chercher et le lui amènerait. Alors elle lui témoigna qu'elle serait bien aise de se confesser à M. Bailly, prêtre de la Mission de la paroisse de Versailles. C'était un homme estimé, qui confessait ce qui était de plus régulier à la cour, et qui, au langage du temps, n'était pas net du soupçon de jansénisme, quoique fort rare parmi ces barbichets [1]. Il confessait Mmes du Châtelet et de Nogaret, dames du palais, à qui quelquefois la dauphine en avait entendu parler. Bailly se trouva être allé à Paris. La Princesse en parut peinée, et avoir envie de l'attendre ; mais, sur ce que lui remontra le père La Rue qu'il était bon de ne pas perdre un temps précieux, qui après qu'elle aurait reçu les sacrements, serait utilement employé par les médecins, elle demanda un récollet qui s'appelait le père Noël, que le père La Rue fut

1. Les prêtres de la Mission portaient la barbiche, comme leur fondateur, saint Vincent de Paul.

chercher lui-même à l'instant, et le lui amena. On peut imaginer l'éclat que fit ce changement de confesseur en un moment si critique et si redoutable, et tout ce qu'il faut en penser. »

Avisé de la volonté de la dauphine, le roi en fut très frappé et laissa faire. Il ne fit aucune objection concernant la moindre étendue des pouvoirs d'absoudre qu'on trouverait chez un autre confesseur. Comme le roi et Mme de Maintenon, le père de La Rue ne voulait surtout pas voir se renouveler l'inaction du père Le Tellier et n'hésita pas à faire passer la confession de la dauphine avant tout autre considération – honneur de son ordre, pouvoirs en tant que confesseur ou amour-propre, tout simplement. Il a, bien au contraire, cherché à la rassurer, lui laissant même entendre que sa confession faciliterait la tâche des médecins par la paix intérieure qu'elle lui apporterait. Ce fut, semble-t-il, le cas.

La dauphine n'a évidemment pas livré ses raisons et ce changement de confesseur suscita nombre de commentaires, ou plutôt de conjectures. Volonté de ne pas faire sa dernière confession avec un jésuite, en échappant *in extremis* à un ordre que le roi lui avait imposé ? Mais, depuis 1705, elle s'entendait bien avec le père de La Rue qui n'avait pas démérité. Inquiétude devant ce qu'il faudrait livrer avant de mourir pour obtenir l'absolution ? Mais le secret de la confession couvre tout. La longueur de l'entretien fit parler. Elle donna aussi une apparence de crédibilité aux rumeurs qui incriminèrent ensuite les véritables dispositions de la dauphine, suspectée d'avoir trahi le roi au profit de son père, le duc de Savoie, désormais ennemi de la France. Notons à cet égard que Saint-Simon, qui raconte les entours de cette confession, ne fait pas du tout état de cette hypothèse, laquelle n'est plus retenue aujourd'hui par les historiens, faute de preuves. On a évoqué aussi de possibles mais anciennes infidélités à son époux.

Peut-être la dauphine était-elle tout simplement scrupuleuse (au sens fort de ce terme), un trait que peuvent avoir masqué son charme et son caractère enjoué. Ce que l'on sait de sa conversation avec Mme de Maintenon, après sa confession, le montre assurément. « N'ai-je pas mal fait, ma tante, d'avoir pris un autre confesseur que le mien ? – Non, Madame. Cela est très permis. Il faut une grande liberté de conscience. » Un peu plus tard, alors qu'elle sentait ses forces s'épuiser, elle s'inquiéta encore, devant Mme de Maintenon, de ses dettes de jeu qu'il fallait régler et elle lui demanda de faire venir le dauphin qui était au courant. Il fallut la rassurer : « Si M. le Dauphin sait vos dettes, madame, vous devez être tranquille et bien persuadée que son amitié pour vous l'engagera à les acquitter au plus tôt. » Il fallut lui apporter sa cassette, qu'elle eut la force d'ouvrir pour en extraire quelques papiers et elle ne se sentit pas en repos avant de l'avoir fait.

Les souvenirs douloureux de la mort de Monseigneur poussèrent le roi non seulement à faire demander sans plus attendre le viatique et l'extrême-onction à la paroisse de Versailles, mais à venir accueillir lui-même le prêtre portant Dieu. Précédé de cierges et d'une clochette, le prêtre arriva à la chambre de la dauphine. Sur une table, auprès de la malade, étaient posés un crucifix, de quoi appliquer les onctions d'huile sur le corps, un peu de mie de pain, un verre d'eau et de l'eau bénite. Le prêtre entra, déposa le Saint-Sacrement et bénit la maison. « Paix à cette maison et à tous ceux qui l'habitent. » Il commença les prières : « *Asperges me.*

Vous me purifierez, Seigneur, et je serai agréable à vos yeux. Ayez pitié de moi, ô mon Dieu, car Vous êtes bon. Gloire au Père, au Fils et au Saint-Esprit. » Les présents répondirent en latin : « Notre force, c'est le Seigneur. C'est lui qui a fait le ciel et la terre. » Et le prêtre reprit : « Seigneur, envoyez vos anges pour qu'ils gardent ce foyer. »

Puis il prononça les prières rituelles : « Faites entrer, Seigneur, dans cette maison, sur les pas de votre humble ministre, le bonheur, la prospérité sainte, la joie pure, la charité militante, la santé ; que les démons s'en aillent et ne reviennent pas. Que les anges y habitent et y gardent la paix. Montrez, Seigneur, votre puissance et bénissez ma mission. Sanctifiez mon entrée en ce lieu, ô Seigneur Jésus, qui êtes la sainteté. » Les assistants récitèrent le *Confiteor* puis le prêtre le *Misereatur*, avant de poursuivre : « *In nomine Patris*... Au nom du Père, du Fils et du Saint-Esprit, que tout pouvoir du démon cesse par l'imposition de mes mains et l'invocation de tous les saints anges, archanges et patriarches, prophètes, apôtres, martyrs, vierges et de tous les saints. » Il fit ensuite les onctions en disant : « *Per istam sanctam unctionem*... Que par cette onction sainte et son immense bonté, le Seigneur vous pardonne les péchés que vous avez commis par les yeux, par les oreilles, par le nez, par la bouche, les mains et les pieds. »

Puis il pria à nouveau pour la malade et pour sa guérison : « Seigneur, mon Dieu, Vous avez dit par votre apôtre saint Jacques : "Quand quelqu'un de chez vous est malade, qu'on fasse venir les prêtres de l'Église. Ils prieront pour ce malade et lui feront une onction avec de l'huile sainte. Et cette prière faite avec confiance sauvera le malade et le Seigneur le soulagera. Et ses péchés, s'il en a, lui seront pardonnés." Guérissez, Christ notre Rédempteur, par la puissance de votre esprit, la maladie de cette sœur. Guérissez aussi les maladies de son âme et pardonnez-lui ses péchés. En un mot, faites disparaître, Seigneur Jésus, toutes les maladies de son corps et de son âme, et rendez-lui, Vous si bon, la santé de l'âme et du corps, pour que, sauvé par votre bonté, elle puisse recommencer à vous servir par sa vie de tous les jours. » Il insista encore : « Regardez, Seigneur, avec bonté votre servante Adélaïde que Vous voyez accablée par la maladie. Rendez la force à son âme que vous avez créée. Que purifiée par cette épreuve, elle reconnaisse qu'elle Vous doit d'être sauvée. Seigneur, Père tout-puissant, Vous qui soulagez les malades, Vous qui prenez grand soin de toutes les créatures, je Vous en supplie, arrachez à la maladie et remettez en la santé votre servante. Faites que bientôt elle se lève, qu'elle reprenne des forces par votre secours et aidez-la de votre puissance et rendez-la à votre Église comblée de tous ses désirs. Par le Christ Jésus... Ainsi soit-il. »

Il restait à donner le viatique. Le prêtre prit l'hostie et la présenta à la dauphine en disant : « *Ecce agnus Dei*... Voici l'agneau de Dieu qui a ôté les péchés du monde. » La malade répondit : « *Domine, non sum dignus*... Seigneur, je ne suis pas digne de Vous recevoir, mais d'une seule parole, Vous pouvez guérir mon âme. » Elle reçut la communion. « *Accipe, soror*... Recevez, ma sœur, pour le voyage la provision qu'est le corps du Christ Jésus, afin qu'il vous protège contre l'ennemi et vous conduise à la vie éternelle. » Le prêtre pria encore pour la malade, puis la bénit. « Seigneur, nous Vous prions de toute notre âme. Que le corps du Christ notre Seigneur, votre Fils, que notre sœur vient de recevoir, soit pour son corps et pour son âme un remède efficace pour l'éternité. »

Une heure après, la dauphine demanda qu'on fît les prières des agonisants. À ce que nous rapporte Saint-Simon, « on lui dit qu'elle n'était point en cet état-là, et avec des paroles de consolation, on l'exhorta à essayer de se rendormir » : ce mystérieux « on », c'est sans doute Mme de Maintenon, que Saint-Simon détestait, et qui avait été chargée de cette pénible préparation. À celle qui avait été l'objet de tant de soins pour la préparer au métier de reine qu'elle semblait devoir accomplir avec éclat, il fallait désormais expliquer quel était son état. Elle le comprit enfin et des larmes coulèrent en silence sur son visage.

Ceux qui entouraient la jeune femme furent alors vivement frappés de son abandon à la volonté divine, mais aussi de sa volonté d'y faire face avec dignité sans accroître la peine des siens. Sans doute avait-elle compris que son mari, tenu écarté de sa chambre par le roi, était, lui aussi, gravement malade. Elle avait auprès d'elle Mme de Maintenon qui ne la quittait plus. « Ma tante, lui dit-elle doucement, je me sens tout autre, il me semble que je suis toute changée. – C'est que vous vous êtes approchée de Dieu, Madame, et qu'il vous console présentement. – Je n'ai de douleur que d'avoir offensé Dieu. » Il y avait là aussi le père Noël qu'elle avait fait revenir pour lui parler de Dieu et elle demanda qu'on fît prier pour elle. Elle laissa la mort venir avec douceur et résignation, disant à Mme de Maintenon qu'elle voyait pleurer dans la ruelle : « Oh ! ma tante, vous m'attendrissez. » Il y avait encore le roi qui entrait et sortait, voulant parler et ne sachant que dire dans son trouble. La première fois qu'elle avait accouché, ce fut sur le visage rayonnant de cet étonnant grand-père qu'elle avait lu qu'un fils lui était né. À présent, elle n'osait plus lui répondre pour ne pas le désoler davantage. À une de ses amies, la duchesse de Guise, elle glissa : « Ma belle duchesse, je vais mourir », puis elle murmura encore, regardant celles qui allaient lui survivre : « Aujourd'hui, princesse ; demain, rien ; dans deux jours, oubliée. »

Le lendemain, après une alternance d'alarmes et d'éclipses de la souffrance, les médecins lui ayant, en désespoir de cause, administré une prétendue poudre miracle, elle rouvrit les yeux en la trouvant amère. Mme de Maintenon se pencha sur elle : « Madame, vous allez à Dieu. » « Oui, ma tante, je vais à Dieu », murmura-t-elle avant de se taire et de sombrer bientôt dans l'inconscience. Le roi, Mme de Maintenon et Mme de Caylus se retirèrent. On laissa entrer dans la chambre une foule de courtisans. La jeune femme expira après le départ du roi.

Son épouse morte, le dauphin, « malade et navré de la plus intime et de la plus amère douleur », parut à tous ceux qui le voyaient une vivante image de l'affliction et, déjà, de l'absence. À l'annonce de la funeste nouvelle, il s'écria : « Ah, Seigneur, préservez le roi ! » pensant à la douleur de son grand-père plus qu'à la sienne. À partir de ce premier jour de son veuvage qui devait être si court, il ne vit que fort peu de gens, dont justement son confesseur. Le lendemain, 13 février, il alla entendre la messe avant de voir le roi qui, effrayé de son état, l'incita à retourner se coucher et lui envoya prendre le pouls par les médecins. C'est en cette circonstance que

Saint-Simon le vit pour la dernière fois, rencontre terrible dont il écrivit, des années plus tard, un récit saisissant, tout étreint d'une émotion que le temps n'avait pas atténuée :

« Il était debout, et peu d'instants après, on le vint avertir que le roi était éveillé. Les larmes qu'il retenait lui roulaient dans les yeux. À cette nouvelle, il se tourna sans rien dire, et demeura. Il n'y avait que ses trois menins [1] et moi, et Du Chesne. Les menins lui proposèrent une fois ou deux d'aller chez le roi ; il ne remua ni ne répondit. Je m'approchai, et je lui fis signe d'aller ; puis je lui proposai à voix basse. Voyant qu'il demeurait et se taisait, j'osai lui prendre le bras, lui représenter que tôt ou tard il fallait bien qu'il vît le roi, qu'il l'attendait, et sûrement avec désir de le voir et de l'embrasser, qu'il y avait plus de grâce à ne pas différer ; et, en le pressant de la sorte, je pris la liberté de le pousser doucement. Il me jeta un regard à percer l'âme et partit. Je le suivis quelques pas, et m'ôtai de là pour prendre haleine. Je ne l'ai pas vu depuis. Plaise à la miséricorde de Dieu que je le voie éternellement où sa bonté sans doute l'a mis. »

Sur les derniers moments de la vie du dauphin, nous disposons d'une source de première main, dont le caractère hagiographique n'atténue pas la portée, le témoignage de son confesseur jésuite, le père Martineau. Elle confirme pleinement le récit donné par Saint-Simon. Le dauphin se confessa ce samedi, veille du premier dimanche de carême. De l'avis du jésuite, la dauphine morte, il se tenait prêt à paraître devant Dieu. Le lendemain dimanche aurait dû être pour lui jour de communion, mais son confesseur l'en dissuada, plaidant qu'il

1. Gentilshommes attachés à la personne du dauphin.

devait demeurer au calme et ménager sa santé. Le malade se rendit à ses raisons, par obéissance.

Le lundi matin, voyant son pénitent en meilleur état, le père Martineau se demanda s'il n'était pas temps pour lui de regagner Paris, mais renonça lorsqu'il comprit que le duc tenait à le garder à ses côtés. Il ne fut plus question désormais de quitter Marly, si bien qu'il fut témoin et acteur des ultimes journées. Pour tâcher d'obtenir la guérison, le jésuite avait sollicité l'intercession de tous ceux qu'il pouvait, et il demanda au dauphin de joindre ses prières à celles qu'il avait demandées. Le lendemain, le malade eut le pressentiment de sa mort prochaine, contre l'avis des médecins. Il s'écria devant le père Martineau : « Mon Père, je crois que je ne sortirai point d'ici. » Au jésuite qui lui demandait pourquoi se condamner quand personne ne le faisait et qui l'enjoignait d'espérer la guérison pour la faciliter, il manifesta à nouveau sa profonde résignation : « Vous savez, mon Père, que je ne cherche que la volonté de Dieu : s'il veut que je vive plus longtemps, demandez-lui que je vive pour le servir mieux que je n'ai fait ; s'il veut que je meure, priez-le que ce soit pour le posséder éternellement. » Il voulut se confesser encore une fois, ce qui fut rapidement exécuté, même s'il dut pour cela revenir sur tout le cours de sa vie passée.

Pendant presque une journée entière, soit jusqu'au début de l'après-midi du mercredi, rien de fâcheux ne survint. L'entourage se persuada qu'il y avait désormais moins à craindre qu'à espérer. Mais le dauphin demeura dans ses dispositions de détachement de la vie et d'abandon à la volonté divine. À partir de trois heures, la fièvre redoubla, même si les rougeurs demeuraient circonscrites au visage, sans s'étendre au reste du corps, comme dans une rougeole ordinaire. Sans tenir compte de l'avis lénifiant des médecins, le dauphin se mit à réclamer avec une insistance croissante les derniers sacrements ; d'abord l'extrême-onction, puis le viatique. Le père Martineau le persuada d'attendre encore, mais lui proposa qu'une messe fût célébrée à minuit dans sa chambre pour qu'il pût communier. L'aumônier du roi vint dire la messe, et le malade parut dès lors s'apaiser. Le témoignage du confesseur est poignant :

« Aux approches du jour, voyant M. le Dauphin encore plus tranquille qu'auparavant, je lui dis qu'il ferait bien de profiter de cette disposition pour se reposer et, dans l'assurance qu'on me donnait toujours que rien ne pressait, je le priai de trouver bon que j'allasse dire la messe. "Pour de repos, me répartit-il, je ne crois pas devoir m'en promettre d'autre que celui qu'on peut trouver en Dieu ; je soupire après et j'espère que j'y parviendrai par sa miséricorde. Ne m'oubliez pas, je vous prie, à l'autel."

« Comme j'allais à la chapelle, je m'informai encore si je pouvais sans risquer entreprendre de dire la messe. On m'assura que je le pouvais, qu'il n'y avait rien à craindre pour toute la journée à moins d'accident bien extraordinaire et que, même, on ne devait pas désespérer de voir le prince revenir de cette maladie.

« Il n'y a qu'un autel à la chapelle de Marly. En y entrant, je trouvai un prêtre qui commençait la messe, ce qui me recula d'une demi-heure. Comme j'étais à la post-communion, le clerc de chapelle vint prendre les saintes huiles et me dit que tout à coup M. le Dauphin avait tourné à la mort et qu'il n'y avait pas un moment à perdre pour lui donner l'extrême-onction.

« Je le vis en entrant en sa chambre, dans une grande agitation, et l'on me dit qu'il n'avait plus de connaissance. Quelle fut ma surprise et ma douleur tout ensemble, de le trouver contre toute l'assurance qu'on m'avait donnée, de le trouver, dis-je, aux derniers abois, luttant avec la mort et insensible à tout hormis à ma voix, car m'étant approché de lui, et lui ayant dit mon nom d'un ton plus ferme que je n'avais coutume de lui parler, il tourna vers moi ses yeux à demi éteints et poussant presque le dernier soupir, “Ah, mon Père”, me dit-il. Quel trait pour moi que cette courte parole ? Combien de choses, toute courte qu'elle est, dut-elle faire comprendre à un homme accoutumé au langage de celui qui la prononça et dont le cœur lui était si connu ? En même temps que j'écris ceci, toute ma douleur se renouvelle et peu s'en faut que mes larmes n'effacent ce que j'écris. Mais à quoi m'arrêtai-je ? Et qu'a le public à faire de savoir quels furent alors et quels sont encore mes sentiments ?

« Je dis en trois mots au prince mourant qu'on allait lui donner l'extrême-onction, et qu'il devait la recevoir avec confiance en la miséricorde de Dieu qui a établi ce sacrement pour effacer le reste de nos péchés et pour nous mettre en état de paraître devant lui purs et sans tache. En même temps, je pris sa main et la mis sur la mienne, le priant de la serrer au cas qu'il m'entendît. Il le fit, mais je n'oserais assurer que ce fût avec connaissance parce que ça a pu être l'effet du hasard dans l'agitation où il était alors. Aussitôt l'aumônier du roi lui donna les saintes huiles. On récita les prières des agonisants, et à peine furent-elles achevées qu'il expira. On m'a dit qu'un instant avant que d'expirer, il avait prononcé le sacré nom de Jésus-Christ en levant les yeux au ciel, et d'un ton plein de foi et d'amour. Je n'ai pas de peine à le croire, car il n'est pas surprenant qu'à la mort il ait eu dans la bouche un nom qu'il avait eu, toute sa vie, si profondément gravé dans le cœur. J'avoue cependant que je ne l'ai pas entendu. »

Le duc de Bourgogne était d'une profonde piété et aucun des défunts de cette année terrible ne fut mieux préparé que lui à mourir. Sa mort, comme celle de son épouse, furent ce qu'on appelait jadis de « belles morts », exemplaires car édifiantes par la force de la foi chrétienne qui s'y manifestait. Elles témoignaient d'un entier abandon, forme d'imitation de la soumission du Christ dans sa Passion que Saint-Simon, annotant Dangeau, a commenté de manière saisissante : « Sa douleur de la perte de Mme la Dauphine pénétra ses plus intimes moelles ; la piété surnagea, mais ce ne fut pas sans de prodigieux efforts ; son sacrifice fut entier, mais sanglant. Parmi cette affliction, rien de bas, rien de petit, rien d'indécent ; on voyait un homme hors de soi-même, qui extorquait de soi une surface unie et qui y succombait ; ses jours en furent bientôt abrégés. Il fut le même dans sa maladie ; il ne crut point en relever, et raisonna ainsi avec les médecins. »

Saint-Simon, qui fut d'autant plus accablé de la mort du duc de Bourgogne qu'il l'aimait et le connaissait fort bien, a donné avec une grande justesse de ton le sens que prit cette agonie aux yeux de l'entourage du jeune prince. Dans ses *Annotations à Dangeau*, la méditation prend tout d'un coup le pas sur la narration :

« Grand Dieu, quel spectacle vous donnâtes en lui, et que n'est-il permis encore d'en relever les parties également secrètes et si sublimes, qu'il n'y a que vous qui les puissiez donner et en connaître tout le prix ! Quelle imitation de Jésus-Christ sur la croix ! On ne dit pas seulement à l'égard de la mort et des souffrances, elle s'éleva bien au-dessus ! Quelles tendres et tranquilles vues, quel souverain détachement, quel vif élan d'actions de grâce d'être préservé du sceptre et des comptes qu'il en faut rendre ! Quelle soumission et quel ardent amour de Dieu ! Quelle vue de son néant, de ses péchés, de l'infinie miséricorde ! Quelle tempérée confiance ! Quelle sage paix, quelles lectures, quelles prières continuelles, quel ardent désir des derniers sacrements, quel recueillement, quelle patience et quelle honte pour tout ce qui l'approchait ! La France tomba enfin sous ce terrible châtiment ; Dieu lui montra un prince qu'elle ne mérita pas ; la terre n'en était pas digne, et il était déjà mûr pour l'éternité. Ce fut une consternation que l'estime, qui avait enfin percé, porta jusque dans toutes les cours étrangères ; et tandis que les peuples pleuraient celui qui ne pensait qu'à leur soulagement, et qui ne voulait régner que pour les rendre heureux, les souverains pleurèrent publiquement celui qu'ils regardaient déjà comme leur exemple, leur arbitre et le modérateur paisible de l'Europe. »

Les deux orphelins se trouvaient sous la responsabilité de la duchesse de Ventadour, gouvernante des Enfants de France. C'est elle qui eut à apprendre au duc de Bretagne la mort de ses parents, ce qu'elle fit en lui donnant pour la première fois le titre de dauphin, ainsi que le roi l'avait voulu. « Maman, ne me donnez pas ce nom ; il est trop triste », répondit-il. Accablé par le sort de ses parents, il lui dit un matin à son réveil : « Maman, j'ai rêvé cette nuit que j'étais en paradis, que j'y avais trop chaud, mais que tous les petits anges battaient des ailes autour de moi pour me rafraîchir. » La fièvre le prit à partir du 27 février. Lucide, il devait encore déclarer à sa gouvernante : « Maman, le voyage de Saint-Denis n'est pas un joli voyage. » Lorsque les deux petits princes orphelins donnèrent les signes les plus inquiétants de rougeole, dans la journée du 7 mars, le roi se préoccupa de les faire baptiser sans plus attendre. Lors de leur naissance, ils avaient été seulement ondoyés par le cardinal de Janson, grand aumônier de France. Le baptême avait été remis à plus tard, mais l'essentiel était acquis : l'eau bénite avait été versée sur le baptisé et les paroles sacramentelles, « Je te baptise, au nom du Père, du Fils et du Saint-Esprit », avaient été prononcées. Comme avait pu le dire avec soulagement Louis XIV, le 8 janvier 1707, après l'ondoiement du duc de Bretagne, deuxième du nom : « Grâce à Dieu, le voilà chrétien. »

Mais il n'était plus permis d'attendre. Le premier aumônier, qui était aussi évêque de Metz, fut mandé d'urgence dans l'après-midi. Pour parrains et marraines, on prit ceux qui se tenaient là à proximité : le comte de La Mothe et Mme de Ventadour pour le dauphin, la duchesse de La Ferté et le marquis de Prie pour le duc d'Anjou. Ce fut sur des fronts fiévreux qu'on appliqua l'huile sainte et versa l'eau bénite. Les deux garçons furent baptisés Louis, l'un comme l'autre, par la volonté du roi. Était-ce une ultime précaution au cas où l'un des deux disparaîtrait ? Les trois fils de Monseigneur avaient eu, quant à eux, des prénoms bien distincts : Louis, Philippe et Charles. Les bâtards du roi et de Mme de Montespan aussi.

Il n'était que temps, car le dauphin mourut le lendemain, un peu avant minuit. Le duc d'Anjou, promu dauphin par tant de morts, n'était guère plus vaillant. L'acharnement du sort faisait tout redouter pour lui ; mais, certitude consolante pour ceux qui l'entouraient, les limbes lui seraient épargnées s'il venait à disparaître à son tour.

3

Louis l'humilié

En 1708, lors d'une promenade à Marly, le roi, vivement contrarié d'être privé de la compagnie de la duchesse de Bourgogne que sa grossesse obligeait à demeurer allongée, se laissa aller à un accès de fureur qui surprit d'autant plus qu'il était exceptionnel. Lorsque la duchesse du Lude, de la Maison de la duchesse, s'approcha de lui pour lui déclarer « Sire, Mme la duchesse de Bourgogne est blessée » – ce qui signifiait qu'elle avait fait une fausse couche – et que les rares courtisans présents commencèrent à se lamenter, redoutant qu'elle n'eût plus aucun enfant à l'avenir, Louis XIV ne se contint plus : « Et quand cela serait, messieurs ? éclata-t-il. Est-ce que la duchesse n'a pas déjà eu un fils ? Et si elle n'en avait plus, est-ce que le duc de Berry n'est pas en âge de se marier et d'en avoir ? Et que m'importe qui me succède des uns ou des autres ? Le duc de Bourgogne et lui ne sont-ils pas également mes petits-fils ? Dieu merci ! La duchesse est blessée puisqu'elle avait à l'être. Je ne serai donc plus contraint dans mes voyages et dans tout ce que j'ai envie de faire par les représentations des médecins et les raisonnements des matrones. J'irai et viendrai à ma fantaisie, et on me laissera en repos. » Suivit un silence « à entendre une fourmi marcher », tout le monde baissant le nez et le roi ne disant plus rien pendant un quart d'heure.

Saint-Simon, qui rapporte cet éclat, a beau jeu de verser l'épisode au dossier patiemment constitué de l'égoïsme et de l'orgueil du monarque, prétendant forcer la nature et faisant fi des souffrances d'autrui. Mais pareille tirade prononcée sous le coup de l'exaspération, peut-être d'un je-ne-sais-quoi de mauvaise conscience, reflète-t-elle les sentiments réels du roi, qui n'est pas le moins embarrassé après sa sortie ? Saint-Simon a-t-il jamais compris Louis XIV ? Certes, il a magnifiquement évoqué le déroulement funèbre de l'année des quatre dauphins ; mais la splendeur de son style pourrait bien masquer son incompréhension de la tragédie qui enveloppa le cœur du vieux roi, atteint dans une affection que le duc n'a pas su voir.

La maladie de Monseigneur fit brutalement irruption. Le fils avait pris congé du père le mercredi 8 avril à midi un quart, après le Conseil d'État, afin de gagner Meudon en compagnie de la duchesse de Bourgogne. Il devait y rester jusqu'au mercredi, date du départ pour Marly. C'est le lendemain qu'arrivèrent d'inquiétantes nouvelles de Meudon : Monseigneur s'était trouvé mal en se levant, Monseigneur avait de la fièvre, Monseigneur était de plus en plus fiévreux. Elles parvinrent au roi tout au long de la journée, à son lever tout d'abord, puis à divers moments de sa promenade qu'il fit à Marly dans l'après-midi. Louis XIV ne tarda pas à réagir, interdisant tout d'abord à ses petits-enfants d'entrer à nouveau dans la chambre de Monseigneur. Lorsqu'il fut de retour à Versailles, il dit qu'il se rendrait dès le lendemain à Meudon et y resterait tout le temps qu'il faudrait, quelle que pût être la maladie de son fils.

En allant à Meudon, le vendredi 10 après la messe, Louis XIV entendait bien demeurer au plus près de son fils, là où la maladie, dont on ignorait encore la nature, était la plus redoutable. C'est pourquoi il résolut de s'établir sous le même toit, vraisemblablement celui du Château vieux, sans même chercher à mettre un peu de distance entre ses appartements et ceux de Monseigneur, ce que le Château neuf, bâti quelques années auparavant par Jules Hardouin-Mansart pour le logement des invités, aurait permis. Devant une telle décision, l'argument longtemps répété de l'indifférence, voire du mépris du roi pour son fils et successeur potentiel ne tient guère. Louis XIV ne craint pas de s'exposer à la maladie : « Le roi en arrivant, note Dangeau, alla le voir et fut trois quarts d'heure dans sa ruelle ; pendant ce temps-là Monseigneur fut un peu moins assoupi. » À plusieurs reprises, le roi se rend auprès de lui. Le samedi 11, Louis XIV est informé de l'apparition des symptômes de la petite vérole ; il continue ses visites régulières, tout comme le lendemain, matin, après-midi et soir. Sans doute sait-il qu'ayant eu, jeune, cette maladie, il est désormais immunisé, comme la duchesse de Bourgogne. Celle-ci n'est pas moins tenue à l'écart de son beau-père ; les plus grandes précautions sont prises afin de protéger les Enfants de France qui ont échappé à cette maladie. Des pages assurent la transmission des nouvelles avec Versailles où elles sont attendues avec une impatience anxieuse par le duc et la duchesse de Bourgogne, écartés de Meudon par le roi.

Personne n'est plus inquiet que le duc de Bourgogne, qui se tourne vers Mme de Maintenon pour la prier de transmettre une lettre au roi. Il ignore l'immunité acquise de celui-ci et redoute les conséquences de la maladie de Monseigneur pour Louis XIV comme pour l'État. Le 11 à 9 heures, il prend la plume pour marquer son inquiétude :

« J'espère que Votre Majesté me pardonnera la liberté que je prends de lui écrire, dans l'appréhension où je suis de n'avoir pas le bonheur de la revoir de sitôt. J'apprends en ce moment que la petite vérole se déclare à Monseigneur. Je sais que vous ne la craignez pas, et c'est ce qui me fait le plus craindre. Vous ne vous ménagerez point ; vous céderez aux sollicitations de votre tendresse ; s'il y a du péril, vous le mépriserez. Mais ces maladies non seulement se communiquent ; elles en communiquent encore d'autres, qui me font bien plus craindre pour Votre Majesté qu'elle ne craint pour moi, lorsqu'elle me fait défense d'aller lui faire ma cour à Meudon. Me voir éloigné de Votre Majesté pour un temps considérable m'est extrêmement sensible ; mais qu'est-ce que mes peines en comparaison de mes craintes ? Je vous supplie, Sire, au nom de Dieu, de conserver votre personne, que je ne saurais m'accoutumer à voir en péril. Je ne suis pas le seul qui vous fasse cette prière ; c'est tout le peuple ; c'est tant de millions de sujets, dont je suis le plus fidèle et le plus soumis, et j'ai la confiance que Votre Majesté recevra en bonne part cette lettre qui part du cœur le plus respectueux, le plus dévoué et, si j'ose dire, le plus tendre qui fût jamais. »

Nous ne savons pas ce que Louis XIV pensa de l'art d'être petit-fils tel que le pratiquait le duc de Bourgogne. Sa lettre est à comparer à celle que le propre frère de celui-ci, le roi d'Espagne Philippe V, avait écrite deux ans plus tôt à leur grand-père, lorsqu'il lui fallut à tout prix empêcher Louis XIV de l'abandonner en le convaincant de maintenir des troupes françaises en Espagne. À chaque fois, les deux frères n'ont pas craint de faire respectueusement la leçon au roi, leur grand-père. En avril 1711, le duc de Bourgogne voit avec effroi la perspective d'une possible disparition de son père et de son grand-père, qui l'amènerait sur le trône ; il retourne alors l'appel que Louis XIV a adressé à ses sujets, le 12 juin 1709, pour les inciter à continuer l'effort de guerre, les ennemis ayant refusé toute condition de paix raisonnable. Ce sont ces mêmes sujets qui sont invoqués pour demander au roi davantage de prudence et la continuation de son règne.

Quelle qu'ait été la réaction du roi à sa première lettre, le duc de Bourgogne lui en adressa une seconde, le lundi 13 ; nous ignorons ce qu'il en advint, mais nous est parvenue celle qui l'accompagnait, écrite à l'attention de Mme de Maintenon : « Je n'ai pas la force de parler sur le sujet qui me l'a fait écrire. Mme la duchesse de Bourgogne vous pourra dire l'état où nous sommes ici depuis hier, et le désir que j'ai de me rapprocher du roi au plus tôt. Il faut adorer Dieu dans tout ce qu'il fait et se confier en ses immenses miséricordes ; c'est cette seule vue qui me soutient. » La lettre de son petit-fils ne fléchit pas le roi, qui alla se promener à Marly après avoir vu Monseigneur ; les ducs de Bourgogne et de Berry l'attendirent à Versailles au bas de la fontaine de Neptune pour le voir passer, mais il leur fit signe de loin de ne pas s'approcher du carrosse. Seule la duchesse de Bourgogne s'avisa de passer outre aux ordres du roi, qui la laissa se promener avec lui toute l'après-midi. Ne venait-elle pas d'écrire à Mme de Maintenon : « Il faut pourtant que je voie le Roi ; sans cela Versailles m'est insupportable. Vous ne sauriez vous figurer l'air qu'il a. Il faut dire toute la vérité : les lieux où le Roi n'est pas sont inanimés. »

Jusqu'alors, la situation semblait sous le contrôle des médecins. La petite vérole était assez répandue pour que le roi qui y avait survécu pût croire que la maladie de Monseigneur évoluait conformément aux prévisions. Tout à sa confiance dans son médecin, le roi resta dans cette fausse sécurité jusqu'à la soirée du mardi. Encore ce jour-là, sans doute dans la matinée, Mme de Maintenon put écrire à Mme du Pérou : « La petite vérole de Monseigneur va à souhait ; il en a beaucoup au visage ; il est presque sans fièvre, et si ce mal ici devenait dangereux, ce serait une grande trahison. Le roi s'ennuie un peu ; il alla hier se promener à Marly. » On commence à prévoir la suite : « Nous irons pour trois semaines à Marly et Monseigneur demeurera à Meudon quarante jours. Je ne sais véritablement quand je pourrai aller à Saint-Cyr ; l'air m'y paraît empesté, et je crains pour nos princes. » L'infirmerie de la Maison royale regorgeait de malades de la petite vérole et il y avait à craindre que la contagion ne gagnât les ducs de Bourgogne et de Berry à Versailles, où le château était déjà bien peu sûr. « Vivons au jour la journée, et faisons le mieux que nous pourrons », concluait Mme de Maintenon.

La journée prit le tour catastrophique que nous savons, à l'insu du roi : Louis XIV soupe tranquillement, sans imaginer la très rapide aggravation de la situation à quelques pièces de lui, le désarroi de Fagon, l'arrivée inopinée du curé de Meudon. C'est lorsqu'il sort de table que Fagon fait son apparition, bouleversé, annonçant que tout est perdu : dès lors, le roi se précipite pour entrer dans la chambre de son fils, ce que voyant, nous dit Saint-Simon, la princesse de Conti s'interpose : « Comme il était près d'entrer dans la chambre, Mme la princesse de Conti, qui avait eu le temps d'accourir chez Monseigneur dans ce court intervalle de la sortie de table, se présenta pour l'empêcher d'entrer ; elle le repoussa même des mains et lui dit qu'il ne fallait plus désormais penser qu'à lui-même. Alors, le roi, presque en faiblesse d'un renversement si subit et si entier, se laissa aller sur un canapé qui se trouva à l'entrée de la porte du cabinet par lequel il était entré, qui donnait dans la chambre ; il demandait des nouvelles à tout ce qui en sortait, sans que personne osât lui répondre. [...] Cette agonie sans connaissance dura près d'une heure depuis que le roi fut dans le cabinet. Mme la Duchesse et Mme la princesse de Conti se partageaient entre les soins du mourant et ceux du roi, près duquel elles revenaient souvent, tandis que la Faculté confondue, les valets éperdus, le courtisan bourdonnant, se poussaient les uns les autres et cheminaient sans cesse sans presque changer de lieu. »

Louis XIV s'est toujours montré très vulnérable à l'agonie de ses proches : son père en 1643, Mazarin en 1661, sa mère en 1666, sa belle-sœur Henriette d'Angleterre en 1670. À chaque fois, non seulement le roi s'est révélé incapable de présenter un visage impassible, mais il s'est hâté de se soustraire aux regards, celui du moribond, celui des autres. En avril 1711, il cherche à rejoindre Monseigneur mais se laisse interdire l'accès à son appartement, demeurant dans le cabinet attenant sans oser aller plus avant. De la résolution énergiquement manifestée d'être auprès de son fils, il ne reste plus que le désir de lui assurer les derniers sacrements en tâchant d'introduire le père Le Tellier, désir que l'état d'inconscience dans lequel avait déjà basculé Monseigneur rendit sans effet.

La stupeur qu'a provoquée cette soirée du 14 avril déclenche une véritable panique. Le roi demeure sans volonté face à une situation inouïe : plus personne ne lui obéit. Sa fille lui interdit l'accès à la ruelle du moribond, ses courtisans ne lui répondent même plus. La mort a paru, ravissant au monarque son autorité. Mme de Maintenon a dressé pour la princesse des Ursins un suggestif tableau de cette déroute : « Quel spectacle, madame, quand j'arrivai dans le grand cabinet de Monseigneur ! Le roi assis sur un lit de repos sans verser une larme, mais avec un frisson et un tremblement depuis les pieds jusqu'à la tête ; Mme la Duchesse se désespérant, Mme la princesse de Conti pénétrée, tous les courtisans en silence, interrompu par des sanglots et par les cris qu'on entendait, qui se faisaient dans la chambre à chaque moment qu'on croyait qu'il expirait. » Pendant que prospère pareille confusion, Mme de Maintenon se montre digne du surnom si élogieux dont l'a gratifiée le roi son époux : « Votre Solidité ». « Les carrosses du roi vinrent, poursuit-elle. J'avais fait avertir Mme la duchesse de Bourgogne de se trouver sur le chemin du roi, parce qu'elle voulait venir avec lui à Marly. » C'est Mme de Maintenon qui, discrètement, prend en main ce qui doit l'être.

Il était d'usage que le roi ne demeurât pas là où un membre de sa famille venait de mourir. Ce n'était pas à lui de le veiller. Louis XIV quitta donc immédiatement Meudon où il n'avait plus aucune raison de rester. « En approchant des cours de Versailles, rapporte Sourches, il trouva la duchesse de Bourgogne qui venait au-devant de lui dans son carrosse avec quelques dames, il s'arrêta un moment à lui parler, pour lui apprendre cette triste nouvelle, et ensuite il continua son chemin. » Dans la nuit, il gagna Marly où personne ne l'attendait à cette heure. Rien n'y était prêt. Ses affaires n'arrivaient pas. D'après Saint-Simon, « le roi fut plus d'une heure dans cet état, avec Mme de Maintenon, dans son antichambre à elle, Mme la Duchesse, Mme la princesse de Conti, Mmes de Dangeau et de Caylus, celle-ci accourue de Versailles auprès de sa tante. Mais ces deux dames ne se tinrent que peu, par-ci par-là, dans cette antichambre, par discrétion. Ce qui avait suivi, et qui arrivait à la file, était dans le salon en même désarroi, et sans savoir où gîter. On fut longtemps à tâtons, et toujours sans feu, et toujours les clefs mêlées, égarées par l'égarement des valets. Les plus hardis de ce qui était dans le salon montrèrent peu à peu le nez dans l'antichambre, où Mme d'Épinoy ne fut pas des dernières, et de l'un à l'autre tout ce qui était venu s'y présenta, poussés de curiosité, et de désir de tâcher que leur empressement fût remarqué. Le roi, reculé en un coin, assis entre Mme de Maintenon et les deux princesses, pleurait à longues reprises. Enfin la chambre de Mme de Maintenon fut ouverte, qui le délivra de cette importunité. Il y entra seul avec elle, et y demeura encore une heure. Il alla ensuite se coucher, qu'il était près de quatre heures du matin, et la laissa en liberté de respirer et de se rendre à elle-même. Le roi couché, chacun sut enfin où loger, et Blouin eut ordre de répandre que les gens qui désireraient des logements à Marly s'adressassent à lui, pour qu'il en rendît compte au roi et qu'il en avertît les élus ». Louis XIV pensa-t-il à cette autre nuit, inscrite profondément dans sa mémoire, celle du 5 au 6 janvier 1649, qui l'avait vu arriver avec sa mère et Mazarin à Saint-Germain où rien n'était préparé pour les recevoir ? Enfin, à quatre heures du matin, il put se coucher, « appréhendant d'étouffer, tant sa douleur était grande », nota Sourches.

On ne saurait exagérer le choc que fut pour le roi cette mort si prompte et si imprévue. L'empire qu'il avait sur ses sentiments et ses émotions, si grand et fameux fût-il, se trouva un temps comme annihilé. Saint-Simon a noté, sans doute d'après Dangeau, combien le roi fut « à peine à lui-même » puis « comme en faiblesse ».

Le lendemain matin, le cérémonial de cour et les tâches du gouvernement de l'État offraient au roi le secours de leurs formes et de leurs contraintes pour tâcher d'endiguer l'affliction. Mais, à la surprise générale, celle-ci se révéla un moment plus forte que les barrières que Louis XIV lui-même croyait pouvoir lui opposer. « On se rendit au lever du roi à Marly, nota Colbert de Torcy, secrétaire d'État des Affaires étrangères. Lorsqu'il fut achevé, Sa Majesté appela M. le Chancelier. Elle fit entrer ensuite les autres ministres. Mais à peine elle put parler. Sa douleur et ses larmes lui coupaient la parole chaque fois qu'elle voulait s'expliquer. Elle dit même que quoique vivement touchée de la perte qu'elle venait de faire, elle avait peine à comprendre son état, que la veille elle n'avait pas jeté une larme, et que dans ce moment elle ne pouvait s'empêcher d'en répandre abondamment.

« Le roi dit ensuite qu'il voulait savoir nos avis sur le nom qu'il donnerait à M. le duc de Bourgogne, s'il lui ferait prendre celui de dauphin ou s'il lui laisserait celui qu'il avait porté jusqu'alors, le titre de dauphin n'étant dû qu'au fils aîné. Chacun, touché de la douleur du roi et du spectacle, pleurait sans répondre. Je me sentis plus de fermeté, et je dis qu'il n'y avait nulle difficulté à faire prendre le titre de dauphin à M. le duc de Bourgogne, qu'il était l'héritier nécessaire immédiatement après le roi, et que personne ne pouvait survenir entre Sa Majesté et lui qui lui fît perdre ses droits. Elle dit aussi que c'était son avis, et M. le Chancelier reprit que c'était ce qu'il venait de dire.

« Je me savais mauvais gré de ma fermeté, et je l'attribuais à [mon] mauvais cœur ; mais en sortant du cabinet, je me sentis plus attendri que ceux que j'avais vus pleurer devant le roi. Un moment après, quelques-uns d'eux riaient. Je cessai de me reprocher ma dureté. »

À l'unique exception de cette percée de l'émotion, celle-ci demeura désormais silencieuse, à la fois perceptible et maîtrisée. Tous les proches du roi savent pourtant à quel point elle affleure et comment aider à la contenir. Qui pourrait le comprendre mieux que les deux femmes qui lui vouent, chacune à sa manière, une réelle vénération ? Ce même jour, Madame Palatine va lui rendre visite, et le récit qu'elle fait à la duchesse de Hanovre traduit son inquiétude : « Il est en proie à une telle affliction qu'elle attendrirait un rocher ; cependant il ne se dépite pas, il parle à tout le monde avec une tristesse résignée et donne ses ordres avec une grande fermeté, mais à tout moment les larmes lui viennent aux yeux, et il étouffe en sanglots. J'ai une frayeur mortelle qu'il ne tombe lui-même malade, car il a très mauvaise mine. Je le plains du fond de l'âme. » À une autre correspondante elle écrit : « On remarque chez le roi une soumission à la volonté de Dieu telle qu'on ne peut s'en faire une idée. Sa seule consolation est que le confesseur de Monseigneur assure que sa conscience était en parfait état, et qu'il peut espérer ; qu'à Pâques il a bien communié, que par conséquent il a fait une fin chrétienne. Le roi lui-même tient des discours si pieux que cela vous va au cœur ; il m'a fait pleurer toute la journée d'hier. » Il est vrai que la Palatine, ci-devant luthérienne, ajoute, deux semaines plus tard : « Notre roi, en effet, est très pieux, mais il est fort ignorant des choses qui ont trait à la religion : jamais de sa vie il n'a lu la Bible ; il croit tout ce que lui disent les prêtres et les faux dévots. »

Mme de Maintenon, plus proche, est tout aussi éloquente : « Adieu, madame, écrit-elle encore à la princesse des Ursins ; j'espère que le roi se portera bien, quelque pénétré qu'il paraisse, malgré les soins qu'il prend de le cacher. Il était changé hier matin à n'être pas reconnaissable ; mais il était beaucoup mieux le soir parce qu'il avait pris l'air. Il déclara dès hier à Mme la Dauphine qu'il ne voulait plus souffrir de séparation entre eux, ni que nos princes eussent d'autres maisons de plaisance que les siennes. Cet ordre-là ne lui déplut pas. » Pour combattre son chagrin, Louis XIV peut s'appuyer sur la régularité des Conseils qui rythment la semaine et sur celle de la « liasse », le travail avec un ministre, en général chez Mme de Maintenon. Il compte encore sur ce double recours : la nature dont il s'est toujours senti si proche, malgré la goutte qui lui a rendu la marche pénible dans ses jardins, et ses enfants et petits-enfants qu'il interpose entre la mort et lui comme autant de places fortes. Ébranlé plus qu'il n'accepte de le montrer, il recherche leur présence et leur vitalité pour chasser cette mort qu'il a sentie si proche et si impérieuse.

Au témoignage des proches, il faut encore ajouter une source exceptionnelle : le *Journal de santé de Louis XIV*, tenu à cette époque par Fagon. Le premier médecin scrute le corps du roi, jour après jour, consignant les incommodités, notant les médecines, examinant les selles. Les conséquences du formidable appétit royal forment le plus gros des observations. Mais, en avril 1711, c'est la mort de Monseigneur qui s'inscrit avec une étonnante netteté dans le journal que tient Fagon.

« Le roi s'est bien porté jusqu'au 14 du mois d'avril, où il fut saisi d'une inconcevable tristesse à la mort de Monseigneur arrivée à Meudon, comme un coup de foudre, dans le septième [jour] de sa maladie et le cinquième de l'éruption de la petite vérole, entre onze heures et minuit. S.M., arrivant cette nuit à Marly, tomba dans un frissonnement général de vapeurs causé par le saisissement violent du cœur ; et, quoiqu'elle dormît ensuite trois à quatre heures, elle se sentit tout le jour dans un état fort éloigné de son naturel et, depuis ce jour, le renouvellement continuel de ce triste état de douleur, entretenu par tous les ordres que le roi a été obligé de donner sur cet affligeant sujet, en rendant sa tristesse toujours présente, en a soutenu aussi les mauvais effets, savoir : la pesanteur et la douleur de tête, et une espèce de lassitude douloureuse presque continuelle, ou pour le moins revenant toujours à la moindre occasion. Son ventre a été fort serré par la même cause et en devenait une nouvelle de ses incommodités. J'attendais avec impatience l'occasion de le purger, que j'aurais tâché d'avancer sans les tristes cérémonies qui s'y sont opposées [...].

« Je voyais que l'humeur mélancolique et goutteuse, la saison, sa coutume qu'il ne voulait pas changer de se découvrir la nuit, et surtout un fond de tristesse depuis la mort de Monseigneur, rendaient l'état de sa santé fort suspect, et menaçait au moins quelque déclaration de goutte. Cela m'obligea à presser S.M. d'avancer de huit jours le temps de sa purgation et de se résoudre de commencer à en prendre la coutume. Elle a bien voulu me croire, et elle a été purgée le lundi 1er juin, quoique les jours précédents son ventre se fût amplement ouvert [1]. »

Il restait à envoyer la triste nouvelle à la cour d'Espagne où elle suscita autant de désolation qu'à Versailles. Ce serait la première d'une longue série.

Voici le brouillon de la lettre que reçut Philippe V, le fils du Grand Dauphin, qui se trouvait alors à Saragosse : « Très haut... Il est aisé à Votre Majesté de juger l'affliction sensible que nous cause la perte que nous venons de faire de notre fils unique le dauphin, que Dieu appela hier à lui après une maladie de peu de jours, et nous sommes entièrement persuadé par la connaissance que nous avons du tendre attachement que Votre Majesté a toujours eu pour lui, de la douleur véritable [sensible a été barré] que lui causera un événement aussi triste. Il a fait paraître pendant le cours de cette maladie sa résignation entière aux ordres de la Providence, et c'est aussi de Dieu seul, auteur de toutes les

1. Le journal s'interrompt peu après, si bien qu'on ne dispose plus d'une telle source pour 1712.

consolations, que nous attendons celles qui nous sont si nécessaires. Nous assurons seulement Votre Majesté que nous avons toujours pour elle l'amitié tendre et véritable qu'elle mérite [1]. »

Elle fut suivie dès le lendemain d'une autre lettre destinée à l'ambassadeur de Louis XIV auprès de son petit-fils. Au-delà de l'affliction, il fallait régler au mieux entre ses trois fils la succession de Monseigneur en ce qui concernait ses biens personnels :

« La mort de mon fils laisse à partager entre ses enfants les terres de Meudon et de Chaville et ce qu'il avait de meubles et de pierreries qui n'appartenaient point à ma Couronne. Lorsque le roi d'Espagne partit d'ici pour Madrid, je donnai une déclaration pour lui conserver ses droits présents et à venir, de même que s'il ne sortait pas de mon royaume. Il a donc sa part dans les biens qui ne sont pas de ma Couronne que son père aura laissés. Je doute que cet objet soit assez considérable pour un prince maître de l'Espagne et des Indes. J'attendrai cependant qu'il m'ait fait savoir ce qu'il souhaite, soit par vous, soit par son ambassadeur, avant qu'il soit touché à la succession présentement ouverte.

« Si le roi mon petit-fils veut la partager avec son frère aîné que je nomme présentement le dauphin, et avec le duc de Berry son autre frère, il faudra qu'il envoie son pouvoir au duc d'Albe ou bien à tel autre qu'il jugera le plus à propos, et vous pourrez l'assurer

1. Dans la rédaction finale de cette lettre, Louis XIV ajouta qu'il avait toujours regardé son fils comme un ami à qui il pouvait tout dire.

qu'en ce cas toutes choses seront faites suivant les lois et les coutumes.

« S'il croit au contraire qu'il y ait plus de générosité à renoncer en faveur de ses frères au peu d'effets qu'il peut recueillir de la succession de son père, il faut aussi qu'il ordonne à son ambassadeur de me délivrer les actes nécessaires pour cet effet. Expliquez-lui bien que je remets cette affaire à son entière décision et qu'avant que je la sache, il ne sera fait aucune décision. »

Mme la Dauphine tomba malade le 5 février, mais l'inquiétude ne s'imposa vraiment que le surlendemain. Le matin, elle s'était encore levée pour aller entendre la messe, mais, le soir venu, alors que le roi voulait la voir, elle le fit prier de ne pas entrer. Il n'insista pas, ne voulant pas contraindre sa petite-fille [1] en lui infligeant ce qu'elle aurait vécu comme une humiliation : être vue malade et enlaidie. Le soir du 8, c'est le premier médecin Boudin qui persuada le roi de ne pas entrer car elle dormait. Mais le lendemain, tandis qu'elle sombrait à plusieurs reprises dans un profond état d'assoupissement, il vint la voir, sans qu'elle fût en état de se rendre compte que se tenaient auprès d'elle les deux hommes qui lui étaient le plus attachés, son mari et le roi. Au matin du 10, Louis XIV, trouvant son petit-fils bien fatigué, l'envoya d'autorité se promener dans les jardins. Depuis trois nuits de suite, celui-ci avait veillé au chevet

1. La duchesse de Bourgogne était sa petite-fille par alliance. Le roi, parlant d'elle, disait sa « petite-fille », parfois aussi sa « petite-belle-fille ». Par sa mère, elle était la petite-fille de Monsieur, frère du roi, mort en 1701.

de son épouse et la fièvre l'avait gagné à son tour. Mais il se hâta de revenir, avant de se retirer quand les médecins l'en pressèrent. La journée fut longue pour le roi qui envoyait sans cesse prendre des nouvelles de la malade.

Il était plus que temps de faire donner les puissances de la communion des saints en invoquant l'intercession de sainte Geneviève, patronne de Paris, pour tâcher de fléchir la volonté divine. Devant les mystères impénétrables de la cour céleste, le roi de France n'était plus qu'un pauvre solliciteur implorant une puissante dame qui aurait, mieux qu'une autre, l'oreille du souverain de l'univers. L'abbé de Sainte-Geneviève fut avisé par le chancelier de Pontchartrain : « Sa Majesté souhaite que la châsse de la sainte soit découverte demain à la pointe du jour et exposée à la vénération des fidèles qui viendraient prier pour la guérison de Mme la Dauphine. » Le premier président du Parlement fut également prévenu afin que la cour donnât son accord à cette ostension de la châsse, comme en temps de calamité publique. C'était reconnaître le péril face auquel on se trouvait désormais. Il y eut foule devant les reliques.

Ce 11 février 1712, le Saint-Sacrement est apporté à la dauphine. Précédant le prêtre, des clercs portent des cierges, un autre une clochette. Ceux qui les voient passer se découvrent. Certains leur emboîtent peut-être le pas. On sait la mort à l'affût. La petite procession a traversé la cour pour se rendre du côté sud vers le vestibule qui donne accès à l'escalier de la Reine, sous les fenêtres de l'appartement qu'occupe Mme de Maintenon.

Le roi se tient là, au bas de l'escalier, pour accueillir le Saint-Sacrement. Sourches est le seul à évoquer ces « grandes marques de douleur », autrement dit les larmes, que Louis laisse voir à tous ceux qui le suivent, dans son affliction. Aucun des proches du roi ne nous a laissé de récit de cet épisode. Il est toutefois possible d'en dessiner les impressionnants contours.

Louis conduit le Saint-Sacrement comme il le ferait d'un hôte de marque, mais cette fois c'est l'Hôte par excellence, le roi et créateur de l'univers, Dieu, que l'on porte à sa petite-fille. Il y a eu un autre escalier, à Fontainebleau, un jour heureux, que le roi avait gravi sous les regards de la foule qui se pressait, en 1697, lorsqu'il accueillit cette très jeune princesse qui allait devenir la femme de son petit-fils en incarnant la paix avec la Savoie d'abord, les puissances de l'Europe ensuite. Le roi, déjà âgé, donnait la main à celle qui, à peine sortie de l'enfance, recevait tous ces honneurs avec un étonnant naturel. Maintenant, le roi est seul, ouvrant le chemin à travers cet immense château dont il a été si fier, et il semble dépossédé de tout. La vie, que la duchesse de Bourgogne a animée avec tant d'entrain, est sur le point de le fuir. Tout est vanité. Vanité cet escalier avec ses marbres et ses peintures, en trompe l'œil ou pas. Vanité cette salle des Gardes de la reine qui ne protègent pas du trépas. Vanité cet appartement somptueux où semblait abritée une relève dynastique qui passait les espérances. Pour Louis, il va de soi que l'on doive se soumettre sans murmure à la volonté de Dieu s'il reprend ce qu'il a donné. Châtiment des fautes passées ? Épreuve pour épurer la foi ? Que sa volonté soit faite et cela seul compte désormais. Pourvue des derniers sacrements, la dauphine est comme rendue à Dieu qui enveloppe désormais son agonie des plis de sa miséricorde. L'affliction reste aussi puissante qu'avant, mais elle est habitée de la présence divine dans sa plénitude. Il n'y aura pas cette lancinante angoisse de ne pas être intervenu à temps, comme pour Monseigneur. Les vivants seront délivrés de ce poids.

Puis le roi reconduit le Saint-Sacrement jusqu'à la chapelle, dont tout le programme iconographique proclame le lien si fort entre la monarchie et l'eucharistie. Hormis celui du Saint-Sacrement, chacun des autels secondaires est consacré à l'un des saints patrons de la famille royale : Adélaïde (pour la dauphine), Anne, Charles, Philippe, Victoire et Louis. *Domine, salvum fac regem*, proclame le phylactère porté par un ange peint sur la voûte qui abrite les musiciens, face à la tribune royale. Louis y entend la messe, mais en bas, sans musique ni drap de pied, ce qui traduit assez le caractère exceptionnel des circonstances. D'ordinaire, le roi est dans sa tribune, qui correspond au premier étage et au salon de la chapelle. Il ne va en bas, dans son prie-Dieu à proximité de l'autel, que dans de rares mais régulières occasions, pour les grandes fêtes de l'année liturgique, celles lors desquelles il communie. Mais, toujours, sur ce meuble très ouvragé orné des armes de France, on dispose son drap de pied entre les deux rangées de stalles. Les messes qui sont celles de ces temps les plus marquants sont chantées.

On ne sait si le roi communia – sans doute pas, car cela aurait supposé qu'il se fût confessé auparavant, ce que personne n'a relevé –, mais la volonté de dépouillement est ici manifeste. Louis l'humilié se soumet à Dieu tout-puissant. *Terribile est Nomen ejus*, dit le phylactère que porte le grand ange au-dessus du maître-autel. Mais cet effroi ne nimbe plus l'autorité du Très Chrétien aux yeux des hommes. Il s'impose à lui, comme à tous ses sujets. En s'établissant au rez-de-chaussée, le roi s'est plongé dans la Passion du Christ qu'évoquent les piliers de la nef et les écoinçons des arcades. C'est tout un chemin de croix montré par les anges qui se déploie autour de lui, commençant à l'entrée du sanctuaire du côté de l'Épître pour s'achever en même place du côté opposé. Louis XIV peut porter son regard tantôt sur l'agonie du Christ au jardin des Oliviers, avec ce qu'elle suppose d'abandon à l'écrasante volonté divine, tantôt sur sa mort sur la croix. Pour sa petite-fille, il y a à redouter que tout ne soit bientôt accompli. Si le roi de l'univers a consenti à un tel abaissement, que peut espérer celui de la France ? Tout part de l'autel, lieu du sacrifice, là où le prêtre réitère le sacrifice du Christ pour le salut des hommes, tout y revient. À l'entrée du sanctuaire, un grand ange est assis sur le tombeau vide, montrant d'une main le suaire abandonné, d'une autre le ciel. L'une indique la direction du maître-autel, l'autre celle de la voûte où la fresque polychrome donne à voir la résurrection.

Refusant encore de croire la mort inéluctable, Louis XIV fit venir ce qu'il y avait de plus éminent parmi les médecins de Paris et de la cour : Fagon, son premier médecin, Dodart, celui du dauphin, Boudin, celui de la dauphine, La Carelière, celui du duc de Berry, Boutard, médecin ordinaire de la dauphine, Desmoulins, médecin du roi, et Chirac, qui était au duc d'Orléans, les deux derniers venus à Versailles voir d'autres malades et mandés d'autorité par le dauphin. Dans l'après-midi, c'est en présence de Leurs Majestés,

Louis XIV, le dauphin et la reine d'Angleterre, en visite depuis Saint-Germain, qu'ils délibérèrent. Hormis Dodart et Desmoulins, ils résolurent une nouvelle saignée qui donna à la dauphine un éphémère soulagement.

Au matin du 12, on comprit qu'il n'y avait plus aucun espoir de sauver la dauphine dont la mort n'était plus qu'une question d'heures. Mme de Maintenon se retira dans la chapelle pour prier, tandis que Louis XIV demeurait auprès de la moribonde. Signe de la détresse qui commençait à tout submerger, en dépit de la présence du roi, on laissa tout un chacun pénétrer dans la chambre. Puis, rapporte Sourches, « le roi s'enferma chez la marquise de Maintenon, envoyant à tout moment savoir ce qui se passait [...]. Cependant, à huit heures et un quart [du soir], le roi monta en carrosse et s'en alla à Marly, ayant donné ordre au maréchal de Tessé de lui dépêcher un exprès aussitôt que ce serait chose faite, et cet exprès le joignit comme il entrait dans Marly, lui apportant la nouvelle qu'elle était expirée, un moment après son départ de Versailles. La duchesse de Bourbon vint au-devant de lui avec quelques dames à la grille du château, et lui baisa la main en pleurant, et le roi l'ayant embrassée lui dit de se tenir dans son appartement pour laisser dissiper le mauvais air où elle avait été. De là il passa à l'appartement de la marquise de Maintenon, où il resta jusqu'à son souper, qui fut très frugal, et après lequel il resta dans son cabinet avec le duc du Maine et le comte de Toulouse jusqu'à son coucher ». Ni le roi ni Mme de Maintenon n'eurent la force d'aller voir le dauphin avant de partir. Celui-ci n'arriva à Marly que le lendemain, trop tôt pour voir son grand-père qui n'était pas encore levé. Ils se virent après la messe, comme Saint-Simon l'a rapporté.

Pour Louis XIV comme pour Mme de Maintenon, le coup fut très rude. L'épouse du roi fut incapable d'en aviser elle-même la princesse des Ursins. Deux jours plus tard, de Marly, ce fut une de ses protégées et parentes, la comtesse de Caylus, qui prit la plume alors que le dauphin était encore en vie :

« Tout est mort ici, madame, la vie en est ôtée : cette princesse animait tout, nous charmait tous ; nous sommes encore comme enivrés et étourdis de notre perte, et chaque jour ne peut que la faire sentir plus vivement. On ne saurait voir le roi ni y penser sans être au désespoir et sans être dans des alarmes continuelles pour sa santé. Pour ma tante, il ne m'est pas possible de vous en parler que pour obéir à l'ordre qu'elle m'a donné : elle ne saurait avoir l'honneur de vous écrire, et vous le comprendrez aisément [...].

« M. le Dauphin a eu deux accès d'une fièvre qui semblait se marquer en quarte ; mais, le troisième ayant avancé et pris cette nuit au lieu de ce soir, on ne sait plus comment la nommer ; mais, selon les apparences, c'est une fièvre de serrement de cœur, car il est, madame, dans un état tel que vous pouvez l'imaginer. »

Le même jour, la Palatine manifestait son désarroi à sa parente la duchesse de Hanovre, en lui marquant à quel point Louis XIV était attaché à la dauphine : « Elle était toute sa consolation, son unique plaisir ; elle avait l'humeur si gaie qu'elle trouvait toujours quelque chose pour l'égayer, quelque triste qu'il pût être. Cent fois par jour elle entrait et sortait, et rapportait chaque fois quelque chose de drôle ; aussi elle manque partout au roi, et il n'est pas étonnant que sa mort l'ait profondément affligé. »

Louis XIV, retiré à Marly, reçut son petit-fils le lendemain de la mort de la dauphine, au matin du 13 février. La chambre du roi était déjà remplie de tous ceux qui y avaient accès, lorsque le dauphin y pénétra. Son grand-père l'embrassa longuement et à plusieurs reprises. Ils ne purent se parler sans être coupés par les larmes qu'ils étaient impuissants à réprimer. Mais le chagrin ne rendait pas pour autant le roi incapable d'apprécier l'état de son petit-fils. Il lui fit prendre le pouls par les médecins qui, l'ayant trouvé fort mauvais, lui conseillèrent d'aller se coucher.

Le roi attendait avec impatience l'après-midi du lendemain pour trouver quelque repos dans la nature, nous dit Sourches : « Dès le matin, le roi avait donné l'ordre pour aller tirer l'après-dînée ; mais, après avoir tenu son Conseil et avoir dîné, il se sentit mal à la tête et renvoya ses chevaux. Il se promena pourtant dans ses jardins pendant près de quatre heures. » Sur le soir, il reçut brièvement le dauphin dans son cabinet puis alla souper à son petit couvert et réunit autour de lui le duc et la duchesse de Berry, le duc et la duchesse d'Orléans, le duc du Maine et le comte de Toulouse.

Si la nuit suivante se passa convenablement pour le dauphin, il n'en alla pas de même pour son grand-père qui, au réveil, se fit saigner et entendit la messe au lit. L'après-midi le roi se portait mieux et fut en mesure de travailler avec son ministre ; ce mieux se confirma le lendemain. Il avait, comme on le verra, donné ses ordres pour les cérémonies funèbres de la dauphine, dont on veillait le corps à Versailles. Dans la journée du mercredi 17, il vint à plusieurs reprises dans la chambre de son petit-fils, tandis qu'on se pressait pour donner l'eau bénite à la défunte. Le dauphin ayant demandé à recevoir simultanément l'extrême-onction et le viatique, on ne voulut pas lui donner satisfaction sans avoir obtenu au préalable l'accord du roi. Celui-ci consulta les médecins qui firent savoir que le malade serait très bientôt en état de communier à l'église et il se borna à dire : « Dans ce cas, il ne faut pas répandre inutilement l'alarme dans mon royaume. » Sentant de plus en plus que le temps lui était compté, le dauphin réitéra sa demande. On alla interroger, non plus le roi, mais Mme de Maintenon qui se borna à répondre prudemment : « M. le Dauphin a vécu comme un saint ; il veut se préparer à mourir comme un saint. Je ne puis que louer ses sentiments ; mais je ne saurais juger de son état. » Et les médecins réaffirmant que le danger n'était pas pressant, le roi se rangea de nouveau à leur avis : « Je ne suis pas surpris que M. le Dauphin, qui communie si fréquemment lorsqu'il est en santé, veuille le faire étant malade ; mais il faut qu'on lui rappelle que les règles de l'Église qu'il ne voudrait pas enfreindre ne permettent la communion en viatique que dans le cas d'un véritable danger, et c'est aux médecins qu'on doit s'en rapporter plutôt qu'à lui-même. » Le 18 s'écoula dans une trompeuse impression de stabilité. Le roi tint Conseil des finances, puis se promena dans ses jardins. Il finit par accepter une sorte de compromis entre l'avis des médecins et le désir de communier du dauphin. Son petit-fils recevrait l'absolution peu avant minuit et pourrait communier, à jeun, lors de la messe qui serait dite dès que sonneraient les douze coups.

Tout se joua en l'absence du roi qui dormait. Personne n'avait osé l'appeler auprès du mourant. Même lorsqu'il fut éveillé, personne ne sut comment dire la fatale nouvelle. Mais, comme le rapporte Sourches, le silence fut d'une brutale éloquence : « Le roi ne sut tout ce détail que quand on entra à son lever, et même il devina la mort de M. le Dauphin par la tristesse qu'il vit peinte sur le visage de tout le monde ; il ne fut pas moins sensiblement touché de cette perte qu'il l'avait été de la première, et l'on crut d'abord qu'il quitterait sur-le-champ Marly pour venir à Trianon ; mais peu de temps après, on apprit qu'il resterait à Marly, et qu'il prendrait seulement l'appartement de la duchesse de Bourbon jusqu'à ce qu'on eût transporté le corps de M. le Dauphin à Versailles. » Recevant le duc de Berry qu'il embrassa à plusieurs reprises, le roi lui dit simplement : « Je n'ai donc plus que vous. »

Après une journée d'accablement, Louis XIV se reprit, donnant dès le 20 ses ordres pour l'autopsie et l'organisation des funérailles. Il fit savoir à la duchesse de Ventadour qu'il avait accordé le titre de dauphin au duc de Bretagne et arrêta le choix d'un confesseur pour le duc de Berry puis pour les deux princes quand ils seraient en âge d'en avoir un. Le dimanche 21, le roi tint Conseil et travailla avec ses ministres, « comme à l'ordinaire », précise Dangeau. Physiquement, il donnait l'impression à ceux des courtisans qui étaient à Marly d'avoir surmonté ce nouveau coup du sort. Pendant la semaine, il attribua des charges vacantes, le vendredi il travailla le matin avec son confesseur, le père Le Tellier, et, l'après-dînée, alla tirer. Il ne regagna Versailles que dans l'après-dînée du 27. Ce fut alors qu'il reprit contact avec sa cour qu'il avait fait prévenir. Il reçut les visites des dames en mantes et des courtisans en grand manteau qui vinrent le saluer. Les dames de la Maison de la dauphine l'attendirent dans sa chambre et « quand il sortit de son cabinet, il embrassa la duchesse du Lude et lui dit : "Madame, je ne suis pas en état de vous parler, nous nous reverrons." Mme de Maintenon leur manda de venir chez elle à six heures pour qu'elles vissent le roi plus à leur aise ». Les affaires de l'État et le cérémonial de cour ont canalisé l'affliction.

Celle-ci ne tarda pas à être encore accrue avec la mort du troisième dauphin, le petit duc de Bretagne, dans la nuit du 8 au 9 mars. Aux yeux de ses proches, Louis XIV apparut alors d'une extrême vulnérabilité ; il faut revenir au témoignage de son épouse, Mme de Maintenon, et de sa belle-sœur. Celle-ci écrit le 18 février à la duchesse de Hanovre : « La douleur du roi est si grande qu'elle me fait trembler pour sa santé. » Onze jours plus tard, de Versailles, Mme de Maintenon note pour la princesse des Ursins : « La douleur du roi est trop grande ; toute la France est dans la consternation. Mon état ne m'empêche point de penser souvent à LL. MM. CC. [1] ; je vous supplie, madame, de vouloir bien les en assurer. Le roi perd un saint en perdant un frère. La reine est bien heureuse de n'avoir point connu Mme la Dauphine. »

Depuis la mort du duc de Bourgogne, peut-être même quelques jours auparavant, la Palatine a obtenu ce qu'elle souhaitait depuis si longtemps, d'entrer le soir

1. Leurs Majestés Catholiques : il s'agit du roi et de la reine d'Espagne.

dans le cabinet du roi après son souper. Ce qu'elle y voit l'émeut profondément : « Je suis prise d'une grande compassion pour le roi. Il se contient et fait bonne mine, et pourtant on voit qu'il souffre intérieurement. Que Dieu nous le conserve, car les choses prendraient une étrange tournure ! » La constance de Louis XIV est réelle mais fragile, or un rien, un imprévu ou une parole malheureuse, peut replonger tout le monde dans une incontrôlable affliction. « Hier le petit chien de M. le Dauphin m'a fait pleurer. La pauvre bête vint à la tribune de la chapelle et se mit à chercher son maître à l'endroit où elle l'avait vu s'agenouiller la dernière fois ; elle regardait tout le monde d'un air tout triste comme pour nous demander où était passé son maître ; cela m'a fait une véritable peine. » Puis, le jeudi saint 24 mars 1712, elle note, toujours à la duchesse de Hanovre : « Dans le sanctuaire on parle beaucoup des affaires passées, mais on ne dit mot du présent, ni de la guerre, ni de la paix. On ne parle pas non plus des trois dauphins et de la dauphine de peur d'y faire songer le roi. Dès qu'il commence à entamer ce chapitre, je parle vite d'autre chose, et je fais comme si je n'avais pas entendu. »

Tout en étant encore plus proche du roi, Mme de Maintenon n'écrit pas autre chose à la princesse des Ursins : « Il est vrai, madame, que je suis triste : jamais personne n'a eu plus sujet de l'être ; mais comptez que toute la cour l'est autant que moi. Tout nous manque, tout paraît vide ; il n'y a plus de joie, plus d'occupation. Le roi fait tout ce qui lui est possible pour se consoler, et retombe toujours dans ses premières douleurs ; il me les confie, et vous sentez bien que c'est une grande augmentation à la mienne. Cependant sa santé se soutient, et il ne manque aucun travail. Notre petit dauphin vit malgré tout le monde ; je n'ai encore pu me résoudre à le voir : j'y aurais pourtant moins de peine que je n'en aurais eu pour celui que nous avons perdu ; car il ressemblait en tout à Mme la Dauphine [...]. Je sais peu de nouvelles ; je vis plus que jamais à Saint-Cyr pour me cacher ; et, quand je demeure ici, les personnes les plus affligées se joignent à moi, et le jour se passe à pleurer. Il serait pourtant bien nécessaire de montrer au roi moins de tristesse pour conserver sa santé ; mon abattement ne m'empêche pas, madame, d'être très sensible à toutes vos bontés. »

4

Le roi plie mais ne rompt pas

Il est tentant de comparer le vieux roi, dans sa fierté puis sa détresse, au chêne altier de la fable de La Fontaine, « celui de qui la tête au ciel était voisine », bientôt aux prises avec les vents les plus furieux pour finir déraciné, lamentable. Pourtant, Louis XIV a résisté à l'épreuve. Pourquoi ? Peut-être vaut-il mieux regarder du côté du roseau, et non point de celui du chêne, pour comprendre cette résistance qui étonna jusqu'à ses proches à qui elle devait tant.

Louis XIV est désormais un vieil homme. Le 14 mai 1711, jour de l'Ascension, Dangeau note avec quelque fierté : « Le roi signe aujourd'hui "de notre règne le soixante-neuf" ce que n'a fait aucun roi depuis deux mille ans. » Sa santé est solide et elle a enduré les deuils répétés de l'année des quatre dauphins. Même si le *Journal* tenu par Fagon, lui-même âgé, ne va pas au-delà de 1711, il suffit à laisser apparaître qu'au-delà des embarras récurrents dus à un appétit toujours féroce, le roi tient physiquement le coup, même si la « mélancolie » – nous dirions une forme de dépression – s'est abattue sur lui lors de la mort de Monseigneur.

C'est que l'année des quatre dauphins succède à des temps très rudes, que le roi a affrontés avec des forces diminuées. Jamais, de son vivant, la France n'a encore eu à faire face à de tels périls. La guerre s'est enlisée et a pris un tour de plus en plus inquiétant : son petit-fils le roi d'Espagne a été menacé de tout perdre tandis que le royaume de France était en passe d'être envahi. Aux infortunes militaires s'est ajoutée la fureur de la nature : lors de la nuit des rois 1709, le gel, progressant avec une rapidité foudroyante, s'est rendu maître de l'essentiel de la France, détruisant les récoltes, tuant les arbres et parfois les hommes. Les jours tragiques de 1694 ont semblé revenus, avec l'épidémie frappant çà et là. Des émeutes ont éclaté, et le royaume, atteint dans ses forces vives, n'a plus la même solidité qu'à l'époque. Louis XIV doit en outre tenir à bout de bras la monarchie espagnole disloquée de son petit-fils. Le roi lui-même se sent parfois écrasé par un tel fardeau, voyant ses armées sans argent ou sans nourriture, ses frontières forcées, ses sujets sans repos. C'est bien pis quand il est atteint dans sa propre famille.

Pourtant, jour après jour, il continue d'accomplir son métier de roi. Plus de trente ans auparavant, en 1679, il a pu écrire pour son fils : « Le métier de roi est noble, grand, délicieux, quand on se sent digne de bien s'acquitter de toutes les choses auxquelles il engage ; mais il n'est pas exempt de peines, de fatigues, d'inquiétudes. » Mais ce fils, dont rien n'assure qu'il a eu connaissance des courtes *Réflexions* comportant cette phrase, est mort avant son père, et sans connaître ce qu'il lui décrivait. Les peines, les fatigues et les inquiétudes ont pris une ampleur inconnue. Il ne s'agit plus seulement de régner sur la France, mais aussi d'orienter l'effort de guerre des deux monarchies Bourbon de part et d'autre des Pyrénées. La grandeur de la tâche et sa noblesse n'ont certes pas disparu, mais que reste-t-il des délices éprouvées à l'apogée du règne, au temps de la paix victorieuse de Nimègue, en 1679 ?

La lassitude guette, mais Dieu, qui a placé le roi à la tête de la plus puissante monarchie d'Europe, entend être obéi, quelles que soient les épreuves qu'il peut faire fondre sur la France. À maintes reprises depuis le début du temps des défaites, Louis XIV a fait état de la nécessaire résignation qu'il fallait avoir. En mai 1706, annonçant à son petit-fils Philippe V la défaite de Ramillies aux Pays-Bas espagnols, il écrivait : « Nous n'avons pas été heureux en Flandre ; il faut se soumettre aux jugements de Dieu et croire que si nous profitons des disgrâces qu'il nous envoie, elles nous procureront des biens solides et éternels. » En 1712, au musicien Delalande qui venait de perdre ses deux filles si douées pour le chant, il déclare en montrant le ciel : « Lalande, il faut se soumettre. » Il y a là plus qu'une formule de consolation courante en pareille circonstance. En dépit de la distance incommensurable entre le monarque et son serviteur, une douloureuse proximité semble s'être introduite.

Tant de défaites puis de deuils ont convaincu le roi, comme jadis son oncle et beau-père le monarque espagnol Philippe IV, que Dieu l'a châtié pour les péchés de sa jeunesse. Recevant au printemps 1712 le maréchal de Villars sur le point de gagner l'armée de Flandre, il lui dit : « Dieu me punit : je l'ai bien mérité. J'en souffrirai moins dans l'autre monde. » Si Dieu donne et reprend, s'il envoie les épreuves comme les bénédictions, il est évident aussi qu'il attend du roi que celui-ci exerce son métier sans faiblir. Les affaires de l'État sont là, requérant une attention constante et imposant une infinie patience qui n'exclut pas, à l'occasion, la promptitude à réagir.

Heureusement pour lui, Louis XIV ne portait pas seul le fardeau de l'État. Certes, il n'avait pas de principal ministre auprès de lui pour l'en décharger. Il était resté fidèle à sa résolution de 1661 lorsque, devant une cour incrédule, il avait fait savoir qu'il gouvernerait par lui-même. Il avait acquis depuis une expérience politique sans égale parmi les autres monarques européens.

En 1711 comme en 1712, il pouvait s'appuyer sur des ministres chevronnés, tous plus jeunes, voire beaucoup plus jeunes que lui. Deux lignées dominaient au Conseil : les Colbert et les Phélypeaux. Les Affaires étrangères étaient tenues, depuis 1689 en survivance et depuis 1696 de manière pleine et entière, par Jean-Baptiste Colbert, marquis de Torcy, qui portait les mêmes prénoms que son oncle, le fondateur de la réussite familiale. Esprit cultivé et pieux, c'était un diplomate consommé, d'un calme olympien, convaincu qu'avec assez de pénétration psychologique et de patience on pouvait convaincre un interlocuteur. En 1699, il avait été fait ministre d'État, ce qui lui valait d'entrer au Conseil d'en haut, le plus important de tous. Torcy avait à son actif d'avoir négocié la paix de Ryswick en 1696-1697, puis les deux traités de partage de la succession d'Espagne. Partisan résolu, comme Monseigneur, de l'acceptation du testament de Charles II en novembre 1700, il n'en avait pas moins tenté l'impossible en 1709-1710 pour arracher la paix à des ennemis de plus en plus exigeants. L'intransigeance hollandaise ayant fait échouer la paix, Torcy s'était tourné vers l'Angleterre où de nouveaux interlocuteurs se révélaient mieux disposés. Auprès du roi, il comptait un cousin, le contrôleur général Nicolas Desmarets, lui aussi neveu de Colbert. Celui-là était un homme rude, un Picard peu amène mais formidable travailleur comprenant l'impossible en matière de finance. Compromis en 1683 dans une affaire de prévarication, il avait été disgracié, avant de retrouver une influence quelques années plus tard auprès de Louis de Pontchartrain devenu entre-temps contrôleur général. Il sut se faire apprécier comme un expert fort compétent, y compris lorsque Chamillart eut succédé à Pontchartrain devenu chancelier. Il avait pris le relais de Chamillart en février 1708 et, dans les pires conditions, parvenait à obtenir assez d'argent des uns ou des autres pour éviter l'effondrement et la défaite.

L'autre lignée ministérielle était celle des Phélypeaux, dont la famille tenait un secrétariat d'État depuis 1610. La branche de Pontchartrain s'était imposée avec Louis II, d'abord contrôleur général, de 1689 à 1699, devenu en 1690 secrétaire d'État de la Maison du roi et aussi de la Marine, ministre d'État la même année, puis chancelier de France en 1699. Il poussa son fils unique Jérôme qui devint en 1699 secrétaire d'État en titre de la Marine et de la Maison du roi. Lui aussi fut un infatigable travailleur doté d'une curiosité d'esprit insatiable sur bien des domaines, y compris hors de son champ de compétence.

Aux côtés de ces héritiers talentueux et acharnés qui ne s'étaient pas seulement donné la peine de naître, on trouvait encore un autre bourreau de travail, Daniel

Voysin de La Noiraye qui, dans l'affolement du printemps 1709, poussé par Mme de Maintenon qui l'avait apprécié comme administrateur de la Maison de Saint-Cyr, prit la succession de Chamillart comme secrétaire d'État de la Guerre. À cette tâche déjà écrasante Louis XIV ajouta, à partir d'avril 1711, celle de former le duc de Bourgogne devenu dauphin.

Tels furent les hommes avec qui Louis XIV travaillait chaque jour. Ils avaient sa confiance et joignaient la compétence au zèle, n'en déplaise au duc de Saint-Simon. Si la France n'a pas subi en 1709-1711 une humiliante défaite annihilant des décennies d'efforts et de conquêtes, ce fut largement grâce à eux.

Pourtant, si Louis XIV a tenu bon, c'est d'abord grâce à Mme de Maintenon, son épouse secrète. Sur celle qu'il appelait « Votre Solidité » et sur son rôle politique, les jugements ont été partagés. Les uns (ou parfois les unes) ont dénoncé en elle la « pantocrate », la « vieille guenipe », une bigote d'autant plus envahissante et malfaisante que son pouvoir était dissimulé, lui attribuant tous les mauvais choix, fautes politiques et désignations malheureuses, dans l'État comme dans l'Église. D'autres lui ont dénié toute influence réelle, considérant que le roi, s'il ne pouvait se passer de sa compagnie, ne partageait pas son autorité et faisait fi de ses avis, la préférant dans son intimité plutôt que dans son Conseil.

La réalité est moins tranchée et finalement plus simple, loin des simplifications hostiles. Comme l'a établi de manière fort convaincante l'historien britannique Mark Bryant, Louis XIV a trouvé en elle une collaboratrice et non pas une intrigante. Il partagea avec elle le fardeau du pouvoir. Si elle ne devint jamais son principal ministre, elle fut davantage sa confidente et sa conseillère à mesure qu'il vieillissait et perdait de l'assurance devant l'énormité des problèmes à résoudre. Une telle situation, sans exemple dans l'histoire de la monarchie française, renforça le caractère exceptionnel de la position de Mme de Maintenon, reine sans le titre ni la naissance, mère sans enfants, épouse sans mariage déclaré, supérieure sans être religieuse. Une telle destinée avec tout ce qu'elle impliquait de mystère et d'exorbitante promotion ne pouvait manquer de susciter la jalousie et la haine, à tout le moins l'incompréhension. Depuis 1700, Mme de Maintenon, chez qui le roi avait déjà pris l'habitude de travailler avec ses ministres, s'était trouvée en position d'exercer une influence politique croissante. Il n'est pas exagéré de dire que c'est ensemble que Louis XIV et elle affrontèrent les épreuves de l'année des quatre dauphins. Il y eut, unique et difficile à saisir, un métier de confidente du roi.

Ni reine, ni chef de faction, Françoise d'Aubigné, marquise de Maintenon, était tout simplement l'ombre de Louis XIV. Les courtisans la voyaient peu mais la savaient là. À s'en tenir à la hiérarchie de la cour et au cérémonial, on manquerait son rôle véritable. Il faut, pour l'apprécier, partir de l'appartement qu'elle occupait, tout proche de celui du roi. Saint-Simon, qui la détestait, a néanmoins laissé une précieuse description de ces quelques pièces, aujourd'hui vides de ce qui fut leur décor :

« L'appartement de Mme de Maintenon était de plain-pied et faisant face à la salle des Gardes du roi. L'antichambre était plutôt un passage long en travers, étroit jusqu'à une chambre toute pareille de forme, dans laquelle les seuls capitaines des gardes entraient, puis une grande chambre très profonde. Entre la porte par où on y entrait de cette seconde antichambre et la cheminée était le fauteuil du roi, adossé à la muraille, une table devant lui, et un ployant autour pour le ministre qui travaillait. De l'autre côté de la cheminée, une niche de damas rouge et un fauteuil où se tenait Mme de Maintenon, avec une petite table devant elle ; plus loin, son lit dans un enfoncement ; vis-à-vis les pieds du lit, une porte et cinq marches à monter ; puis un fort grand cabinet qui donnait dans la première [antichambre] de l'appartement de jour de Mgr le duc de Bourgogne, que cette porte enfilait, et qui est aujourd'hui l'appartement du cardinal Fleury. Cette première antichambre, ayant à droite cet appartement, et à gauche ce grand cabinet de Mme de Maintenon, descendait, comme encore aujourd'hui, par cinq marches dans le salon de marbre contigu au palier du grand degré du bout des deux galeries haute et basse, dites de Mme la duchesse d'Orléans et des princes. »

Plus encore que le cabinet du Conseil ou la chambre du roi, l'appartement de Mme de Maintenon était devenu avec les années le cœur discret du château. Ses deux principales pièces avaient chacune leur utilisation. Le roi se tenait dans la chambre, avec ou sans ministre. Mais il n'allait pas dans le grand cabinet où venaient le soir Monseigneur, le duc et la duchesse de Bourgogne, le duc de Berry. Lorsqu'il partait souper, les occupants du grand cabinet en étaient avisés par un coup de sonnette et traversaient prestement la chambre pour devancer le roi, tandis que les dames admises dans le cabinet pour faire leur cour à la duchesse s'en allaient par la grande salle des Gardes. Au début de 1712, relève Saint-Simon, Louis XIV « se mit à faire porter son dîner une fois ou deux la semaine chez Mme de Maintenon, ce qui ne s'était point encore vu, et ce qu'il continua le reste de sa vie, mais dans la belle saison, ces dîners se faisaient souvent à Trianon et à Marly, sans y coucher ».

Personne n'avait prévu ni organisé l'influente présence qui était devenue la sienne depuis le début du nouveau siècle. Elle-même s'était montrée hésitante, ne sachant comment répondre aux sollicitations croissantes mais tacites de son époux. Interrogé en 1703, son confesseur, Mgr Godet des Marais, l'évêque de Chartres, lui répondit sans lui assigner de limites bien précises : « Dieu vous charge principalement du roi, des choses qui le touchent de plus près et de la famille royale ; il vous a confié Saint-Cyr ; dans tout cela il y a bien à prendre et à laisser, à faire promptement ou à différer. » À mesure que la guerre durait et que les épreuves s'accumulaient, son champ d'action s'étendit sans jamais perdre son caractère informel.

Faut-il insister sur un point ? Au pire de la lutte pour la succession d'Espagne comme au temps de l'affaire des Poisons, Françoise d'Aubigné fut d'abord une présence attentive et fidèle auprès d'un monarque qui ne la ménageait pas, mais entendait qu'elle l'écoutât, le consolât et le conseillât. Face à des difficultés qui paraissaient insurmontables, elle apportait une aide que personne d'autre n'était en mesure de donner. Vingt ans après leur union secrète, sans l'avoir désiré, elle était devenue très versée dans les affaires de l'État et en mesure de pousser ses protégés. Elle n'avait aucune autorité en propre et ne chercha pas à en avoir. Elle n'était rien sans le roi qui, peu à peu, ne se sentit plus pouvoir, sans elle, être lui-même. Il avait fait en sorte qu'elle fût bien informée de nombre d'affaires considérables sans qu'elle y entrât véritablement car lui seul décidait, même si c'était parfois avec peine. Pendant des années, elle eut connaissance du « paquet d'Espagne », toutes les dépêches arrivant de la cour de Philippe V, soit que le roi les lui adressât directement, soit qu'il les fît lire en sa présence. Cela dura jusqu'en 1709, mais, même ensuite, elle demeura très au courant des relations avec Madrid, d'autant plus que Philippe V, la reine Marie-Louise ou la princesse des Ursins ne manquaient pas une occasion de lui écrire pour l'avancement de leurs affaires. Louis XIV avait en elle une absolue confiance et, peu avant de mourir, il le rappela encore au duc d'Orléans.

Un « entretien particulier » qu'elle eut en 1705 avec une de ses dames de Saint-Cyr les plus proches, Mme de Glapion, montre déjà éloquemment combien, au quotidien, le roi ne pouvait plus se passer d'elle, non seulement dans son intimité mais encore dans l'exercice de son métier.

« On commence à entrer chez moi vers sept heures et demie. C'est d'abord M. Maréchal. Il n'est pas plus tôt sorti que M. Fagon entre. Il est suivi de M. Bloin ou de quelque autre qu'on envoie savoir de mes nouvelles. J'ai quelquefois des lettres extrêmement pressées qu'il faut que je place là de nécessité. Ensuite viennent les gens de plus grande conséquence : un jour M. Chamillart, un autre M. l'archevêque ; aujourd'hui c'est un général d'armée qui va partir, demain une audience qu'il faut donner et qui m'a été demandée, avec cette circonstance que c'est presque toujours des personnes que je ne puis différer de voir, car il le faut bien par exemple, quand les officiers partent, et ainsi des autres. M. le duc du Maine attendait l'autre jour dans mon antichambre que M. de Chamillart eût fini. Quand il fut sorti, M. le duc du Maine entra, et me tint jusque quand le roi arriva ; car il y a même un petit agrément, c'est qu'ils ne sortent de chez moi que quand quelqu'un d'au-dessus les chasse. Quand le roi vient, il faut bien qu'ils s'en aillent tous. Le roi demeure avec moi jusqu'à ce qu'il aille à la messe. Je ne sais si vous prenez garde qu'au milieu de tout cela je ne suis pas encore habillée ; si je l'étais, je n'aurais pas eu le temps de prier Dieu. J'ai donc encore ma coiffure de nuit ; cependant ma chambre est comme une église : il s'y fait comme une procession ; tout le monde y passe, et ce sont des allées et des venues perpétuelles.

« Quand le roi a entendu la messe, il repasse encore par chez moi. Ensuite la duchesse de Bourgogne vient avec beaucoup de dames, et on demeure là pendant que je dîne [...]. Après cela on sort de table. Le roi avec toutes les princesses et la famille royale viennent dans ma chambre et y apportent avec eux une chaleur effroyable. On cause, et le roi demeure là environ une demi-heure ; puis il s'en va, mais rien que lui ; tout le reste est encore là et comme le roi n'y est plus, on s'approche davantage de moi. Ils m'environnent tous, et il faut que je sois là à écouter la plaisanterie de Mme la maréchale de C., la raillerie de celle-ci, le conte de celle-là. Elles n'ont rien à faire, toutes ces bonnes dames ; elles ont le teint bien rafraîchi et n'ont rien fait dans toute la matinée ; mais il n'en est pas de même de moi, qui aurais bien autre chose à faire que de causer, et qui porte souvent dans le cœur un chagrin, une méchante nouvelle [...].

« Quand le roi est revenu de la chasse, il vient chez moi ; on ferme la porte et personne n'entre plus. Me voilà donc seule avec lui. Il faut essuyer ses chagrins s'il en a, ses tristesses, ses vapeurs ; il lui prend parfois des pleurs dont il n'est pas le maître, ou bien il se trouve incommodé. Il n'a point de conversation. Il vient quelque ministre qui apporte souvent de mauvaises nouvelles ; le roi travaille. Si on veut que je sois en tiers dans ce Conseil, on m'appelle ; si on ne veut pas de moi, je me retire un peu plus loin, et c'est là où je place quelquefois mes prières de l'après-midi ; je prie Dieu environ une demi-heure. Si on veut que j'entende ce qui se dit, je ne puis rien faire. J'apprends là quelquefois que les affaires vont mal ; il vient quelque courrier avec de mauvaises nouvelles ; tout cela me serre mon cœur et m'empêche de dormir la nuit.

« Pendant que le roi continue de travailler, je soupe ; mais il ne m'arrive pas une fois en deux fois de le faire à mon aise. Je sais que le roi est seul ou je l'aurai laissé triste ; ou bien le roi, quand M. de Chamillart est près de finir, me prie quelquefois de me dépêcher. Un autre jour, il veut me montrer quelque chose, de manière que je suis toujours pressée, et alors je ne sais point faire autre chose que de manger très promptement. Je me fais apporter mon fruit avec ma viande pour me hâter, tout cela le plus vite que je puis. Je laisse Mme d'Heudicourt et Mme de Dangeau à table, parce qu'elles ne peuvent faire comme moi, et j'en suis quelquefois incommodée.

« Après tout cela vous jugez bien qu'il est tard. Je suis debout depuis six heures du matin ; je n'ai respiré de tout le jour. Il me prend des lassitudes, des bâillements, et plus que tout cela je commence à sentir ce que fait la vieillesse ; je me trouve bien fatiguée que je n'en puis plus. Le roi s'en aperçoit et me dit quelquefois : "Vous êtes bien lasse, n'est-ce pas ? Il faudrait vous coucher." Je me couche donc ; mes femmes viennent me déshabiller ; mais je sens que le roi veut me parler et qu'il attend qu'elles soient sorties, ou bien il y reste encore quelque ministre, et il a peur qu'on entende. Cela l'inquiète et moi aussi. Que faire ? Je me dépêche, et je me dépêche jusqu'à me trouver mal, et il faut que vous sachiez que j'ai haï toute ma vie d'être pressée. À l'âge de cinq ans, cela me faisait cet effet-là ; je me trouvais mal quand je me précipitais trop, parce que je suis naturellement très vive, et que par conséquent je me presse assez de moi-même, et je suis par-dessus très délicate, de manière que cela m'étouffe et fait ce que je vous dis. Enfin me voilà dans mon lit ; je renvoie mes femmes ; le roi s'approche et demeure à mon chevet. Pensez-vous bien ce que je fais là ? Je suis couchée, mais j'aurais besoin de plusieurs choses, car je ne suis pas un corps glorieux. Je n'ai là personne à qui je puisse demander ce qu'il me faut ; j'aurais besoin quelquefois qu'on me chauffât des linges, mais je n'ai pas là une femme ; ce n'est pas que je n'en pusse avoir, car le roi est plein de bonté, et s'il pensait que j'en voulusse, il en souffrirait plutôt dix ; mais il ne croit pas que je m'en contraigne. Comme il est toujours le maître partout et qu'il fait tout ce qu'il veut, il n'imagine pas qu'on soit autrement que lui, et il croit que, si je n'en ai pas, c'est que je n'en veux pas. Vous savez que ma maxime est de prendre sur moi et de penser aux autres. Les grands ordinairement ne sont pas ainsi : ils ne se contraignent jamais, et ils ne pensent pas même que les autres se contraignent pour eux, ni ne leur en savent point de gré, parce qu'ils sont tellement accoutumés de voir que tout se fait par rapport à eux qu'ils ne sont plus frappés et n'y prennent pas garde. J'ai été quelquefois dans mes grands rhumes prête à étouffer par la toux sans pouvoir être soulagée. M. de Pontchartrain, qui me voyait toute cramoisie, disait au roi : "Mais elle n'en peut plus, il faudrait appeler quelqu'un", etc.

« Le roi demeure chez moi jusqu'à ce qu'il aille souper, et environ un quart d'heure avant le souper du roi, M. le Dauphin, M. le duc et Mme la duchesse de Bourgogne viennent chez moi. À dix heures ou dix heures et un quart tout le monde sort. Voilà ma journée. Me voilà seule, et je prends les soulagements dont j'ai besoin ; mais souvent les inquiétudes et les fatigues de la journée m'empêchent de dormir. »

Un tel récit nous laisse entrevoir non seulement l'attachement réciproque du roi et de son épouse mais la mission dont celle-ci s'estimait investie pour le meilleur et pour le pire. En 1704, Mgr Godet des Marais avait rappelé à sa pénitente : « Vous êtes son asile, souvenez-vous-en ; votre chambre est l'église domestique où Dieu se retire pour l'y soutenir et le sanctifier sans qu'il s'en aperçoive ; les anges tutélaires du royaume, et le sien avec le vôtre et le Dieu des anges, y sont pour vous soutenir et sanctifier ensemble. Tolérez ses faiblesses ; il sera porté à aimer celui qui donne un tel soutien, et qui vous aura inspiré une si grande charité. N'étouffez pourtant pas, et témoignez doucement les besoins que vous aurez de respirer. »

Sans doute sera-t-on surpris de découvrir dans ce couple de vieillards une figure quasi maternelle, consolatrice, et un roi qui, loin des regards de la cour, peut céder à l'émotion et à l'épuisement, quêtant tantôt un silence attentif, tantôt une parole compatissante. Comme tout au long de sa vie, aussi bien avec Marie-Thérèse qu'avec ses favorites, Louis XIV n'a jamais imaginé un seul instant qu'on pût peiner à suivre le rythme trépidant qu'il imposait à autrui. Mme de Maintenon devait s'adapter et il n'envisagea que sur son lit de mort qu'elle avait pu en souffrir et lui en demanda pardon. Ce fut encore à Mme de Glapion, sans doute en 1711, que Mme de Maintenon rapporta ce dialogue bref mais significatif : « Il y a quelques jours que je dis au roi avec une espèce de dépit : "En vérité, Sire, j'ai peur de vivre cent ans." À quoi il eut la politesse de répondre : "Ce serait le plus grand bonheur qui me pût arriver." » Ce que nous voyons déjà avec assez de clarté en 1705 est, selon toute probabilité, encore plus marqué en 1711 et en 1712. L'épouse du roi a pris dans l'intervalle une place centrale dans l'État ou, plus exactement, une place très importante lui a été silencieusement dévolue par le monarque. Les tristesses et les angoisses de 1705 n'étaient rien encore à côté de celles qui s'abattirent sur le roi et sur elle l'année des quatre dauphins.

« C'est maintenant que le roi va avoir besoin de vous », lui avait dit en 1683 La Rochefoucauld afin de la dissuader de quitter la cour. Un quart de siècle plus tard, la formule retentissait encore avec une surprenante acuité. L'épouse secrète était réellement devenue indispensable, dans la sphère que lui avait indiquée son confesseur et qu'il lui rappelait encore en 1708 lorsqu'elle se demandait comment faire pour aider le duc de Bourgogne en grande difficulté : « Tant que vous ne voyez rien de certain, proposez le pour et le contre, ainsi que les sages que vous consultez ; laissez à celui à qui il appartient de décider à prendre sa résolution, il a grâce par sa place pour décider, et je crois il l'attire par sa piété, et par son humble confiance en Dieu. » Le rôle de Mme de Maintenon était de conseiller, mais en s'effaçant devant la décision qui ne lui appartenait pas, d'éclairer sans flatterie ni embellissement. Ce qui était vrai avec le duc de Bourgogne l'était bien davantage avec le roi à qui il importait de dire les mauvaises nouvelles que personne ne se précipitait pour annoncer. « Les princes, expliqua-t-elle un jour à Mme de Glapion, ne veulent jamais envisager les choses tristes, ils sont accoutumés qu'on les leur ôte toujours de devant les yeux, et je me vois réduite par le devoir de ma conscience, par l'amitié que j'ai pour le roi et par le véritable intérêt que je prends à tout ce qui le touche de lui dire la vérité, de ne le point flatter, de lui faire voir qu'on le trompe souvent, qu'on lui donne de mauvais conseils. Voyez quel personnage d'attrister ainsi quelqu'un que l'on aime et à qui on ne voudrait pas déplaire ! Voilà cependant ce que je suis obligée de faire. Je l'afflige souvent quand il ne vient chez moi que pour chercher à se consoler [1]. »

Si Mme de Maintenon pouvait jouer un tel rôle, c'est précisément qu'elle disposait d'assez d'informations pour le faire. Intelligente mais née loin des arcanes de l'État, elle avait, avec les années, bénéficié d'une étonnante formation pratique à force d'entendre le roi travailler chez elle avec ses ministres. Désormais, elle apparaissait, ainsi que le montre la partie conservée de sa correspondance, comme un canal indispensable pour

1. Geffroy date ce texte de 1708, tandis que Bryant penche pour 1711.

toucher le roi. Aussi bien Philippe V et la princesse des Ursins que les Stuart en exil à Saint-Germain savaient, en passant par elle, accroître leurs chances d'être écoutés de Louis XIV. Par sa conviction d'avoir à assurer le salut du roi, par la connaissance qu'elle avait acquise des questions politiques, voire militaires, par sa position d'intermédiaire entre tant de grands et le roi comme par son rôle de protectrice de plusieurs serviteurs de l'État, elle se trouva dans une position singulière qu'il n'est pas exagéré de qualifier de « ministre sans portefeuille ». C'est elle encore qui avait à préparer les époux Bourgogne à leurs tâches futures, y compris en chapitrant la duchesse souvent imprévisible. Les ministres qui travaillaient chez elle avec le roi ne la voyaient pas seulement à cette occasion. Il est quasiment certain que beaucoup la rencontraient à d'autres moments, tout comme elle s'entretenait avec le roi quand ils n'étaient pas là.

Le rythme des journées ne connaissait d'autre changement que ceux qu'apportaient les séjours à Marly ou, l'été venu, à Fontainebleau. De semaine en semaine, aussi bien Sourches que Dangeau nous permettent de retrouver la quasi imperturbable horlogerie de l'État. Le dimanche, le roi tenait Conseil d'État, le mercredi et le jeudi aussi, soit les affaires les plus importantes. Le mardi et le samedi étaient les jours du Conseil des finances, tandis que le lundi était parfois voué au Conseil des dépêches, l'administration intérieure du royaume, et plus souvent au travail avec le chancelier de Pontchartrain. Il fallut des circonstances bien exceptionnelles pour qu'il en allât autrement. La maladie de Monseigneur eut pour effet que les séances du Conseil se déroulèrent à Meudon, mais elles ne furent pas suspendues. Celles de la dauphine puis du dauphin n'altérèrent pas cette mécanique, même si le roi, de plus en plus inquiet, allait souvent à leur chevet ou faisait prendre de leurs nouvelles. Il trouvait aux affaires de l'État à la fois l'occasion d'accomplir son devoir et un soulagement à son anxiété puis à sa douleur. De jour en jour, un même déroulement du quotidien rendait la marche des heures dépourvue de surprise. Plus tard, Saint-Simon put écrire que, même loin de la cour, avec une montre et un almanach on pouvait savoir à tout moment ce que faisait le roi. Les deuils de l'année des quatre dauphins n'altérèrent pas significativement cette régularité qui fut une force pour Louis XIV. Ce mouvement permanent et sans surprise n'était possible que parce que, au cœur de chacun de ses châteaux, il s'était aménagé une sorte de refuge dont son épouse était à la fois la garante et la prisonnière. Il pouvait se décharger sur elle de ce qui l'accablait, sans trop avoir à se demander comment elle supporterait le fardeau qu'il lui imposait et qu'elle acceptait.

« J'ai, écrivait-elle à Mme de Glapion, sur les peines du roi, des princes et de l'État, un degré de sensibilité que Dieu seul connaît. [...] Mon imagination est sans cesse tendue de deuil [...]. J'ai toujours à l'esprit l'Espagne presque perdue, la paix qui s'éloigne de plus en plus, les misères que j'apprends de tous côtés, mille gens qui souffrent sous mes yeux et que je ne puis soulager ; du côté de la piété tous les excès qui règnent présentement. Tout cela m'agite à un point inconcevable, et j'ai le cœur si serré que j'ai toujours les larmes aux yeux. Je me dis à moi-même : Qui m'assurera que le roi ne répondra pas de tout cela ? car nous sommes obligés à tout le bien que Dieu demande de nous, et nous lui rendrons compte de tout le mal que nous aurions pu empêcher. En vérité, la tête est quelquefois prête à me tourner ; je crois que si l'on ouvrait mon corps après ma mort on trouverait mon cœur sec et tors comme celui de M. de Louvois. »

Comment Mme de Maintenon pouvait-elle à son tour endurer ces anxiétés dérivées qui lui ôtaient parfois le sommeil ? La réponse tient en deux mots : Saint-Cyr, cet institut aussi singulier dans l'Église que la destinée de son « Institutrice » à la cour. La Maison royale de Saint-Louis, fondée en 1686 par le roi à la requête de son épouse, avec ses vastes bâtiments et ses magnifiques jardins à l'extrémité du parc de Versailles, offrait un abri tout à la fois proche et sûr. « C'est à des femmes et à des filles que revint le soin de ménager au souverain la retraite où il goûterait les consolations spirituelles et intimes nécessaires à son état, remarquait Bruno Neveu. Les filles des officiers qui versaient son sang pour lui, les Dames qui se consacraient à faire d'elles des chrétiennes accomplies dans le monde ou dans le cloître, formaient autour du couple royal "une troupe innocente", chargée d'un incessant ministère d'intercession pour le fils de Saint Louis. »

À Saint-Cyr, Mme de Maintenon était pleinement chez elle, loin des jalousies, des manœuvres et des haines de la cour, parmi ses Dames et ses filles. Lorsque le roi était à Versailles, il faisait en sorte de lui laisser la matinée pour qu'elle pût s'y rendre plus aisément. Lorsqu'elle en était séparée, que ce fût par l'établissement imprévu à Meudon lors de la dernière maladie de Monseigneur ou par les séjours réguliers à Fontainebleau qu'elle n'appréciait guère, elle maintenait le lien tant par la correspondance que par la présence auprès d'elle de quelques fidèles, telle sa secrétaire Mlle d'Aumale. Dans la Maison royale créée selon ses idées, Mme de Maintenon régnait sans se contraindre dans une atmosphère de jeunesse et de recueillement. Les demoiselles y chantaient cette prière en faveur de l'« Institutrice » :

Vous qui de l'un à l'autre pôle
Étendez de vos lois le pouvoir glorieux,
Dieu puissant, de qui la parole
Enfanta la terre et les cieux,
Seigneur, conservez-nous notre unique espérance ;
Celle qui nous conduit au pied de vos autels
Est le soutien de l'innocence ;
Prolongez ses destins, pour le bien des mortels ;
Et lorsque l'univers suit la trace fidèle
Que vos lois ont su lui marquer,
Grand Dieu, du moins laissez-lui le modèle
Des vertus qu'il doit pratiquer.

Parmi les deux cent cinquante demoiselles issues de la petite noblesse pauvre et au service, les inquiétudes du monde n'étaient pas ignorées. Il arrivait que Mme de Maintenon eût à y recevoir des visiteurs parlant d'affaires politiques ou militaires. Elle y faisait prier à chaque fois qu'une grande entreprise semblait sur le point d'être engagée, ce qui ne manquait pas de mettre tout le monde en effervescence, car c'étaient un père, des frères, des cousins qui risquaient leur vie pour le service du roi. Mais le ciel semblait trop souvent devenu fermé. La défaite du duc de Bourgogne à Audenarde fut particulièrement ressentie dans la Maison. Le jour de Malplaquet, prévenue de l'imminence du combat, elle fit mettre toute la Maison en prières. « Faites-vous des saintes pour nous obtenir la paix », écrivit-elle lorsque des négociations furent engagées en Hollande. Dès que survenait une nouvelle importante, Louis XIV en faisait aviser Mme de Maintenon par un de ces courts billets dont certains nous sont parvenus. Si elle-même était à Versailles, elle faisait prévenir les Dames.

Parfois c'était le roi lui-même qui venait la rejoindre, depuis le parc de Versailles, en quête d'un lieu de paix et de pureté. Il y trouvait pourtant aussi l'image d'une touchante désolation bien rendue par Théodore Lavallée : « Louis XIV, portant plus dignement le malheur qu'il n'avait porté ses prospérités, paraissait plein d'une tristesse grave et sereine, plein de la plus humble, de la plus constante résignation ; il parlait aux Dames de ses revers avec un visage égal, il les attribuait simplement à lui-même, et leur demandait de redoubler leurs prières ; puis il aimait à s'entourer des rejetons de sa noblesse moissonnée à Hochstett et à Ramillies ; il s'efforçait de sourire à ces pauvres orphelines qui entonnaient en pleurant le cantique royal ; il s'arrêtait devant chacune d'elles, et d'une voix qui n'était plus calme il tâchait de consoler tantôt les filles de d'Aubigny, colonel des dragons, de Bernière, major du régiment des gardes, de Cateuil, capitaine de dragons, tués à Ramillies ; tantôt celles de Kercado, mestre de camp du royal-étranger, de Villiers, maréchal de camp, d'Escoubleau, capitaine au régiment de la reine, tués devant Turin. "Beaulieu, dit-il un jour à une pauvre fille qui se jetait à ses genoux en sanglotant, votre père est mort honorablement à mon service ; si mes ministres venaient à l'oublier, priez Madame de m'en faire souvenir." » La mort de la dauphine, qui avait étudié dans la Maison, y fut douloureusement ressentie.

Saint-Cyr renforçait le mystère autour de Mme de Maintenon, lui donnant aussi la possibilité d'écrire dans un environnement paisible et de recevoir sans que toute la cour le sût. L'épouse du roi avait ses protégés. Certains l'avaient déçue et donnaient désormais bien du tourment au roi, tel le cardinal de Noailles dont elle avait facilité l'installation sur le siège archiépiscopal de Paris en 1699. D'autres lui paraissaient toujours dignes de la plus grande confiance, tel le secrétaire d'État de la Guerre Voysin ; aucun parmi ceux-ci ne fut plus profitable au royaume dans ces années terribles que le maréchal de Villars, dont elle avait bien connu et apprécié les parents. Soutenir un tel personnage n'allait pas de soi, tant il était bruyant et entreprenant, sans repos ni désintéressement, écrasant volontiers autrui de sa superbe, détesté à la cour et abondamment desservi par ses rivaux. Si Villars ne tomba pas en disgrâce ou ne fut pas réduit à des commandements sans portée, ce fut à Mme de Maintenon qu'il le dut. À plusieurs reprises, encore en juin 1711, elle fit de son mieux pour apaiser son amertume de ne pas avoir obtenu du roi l'autorisation de passer à l'offensive contre ses ennemis : « Monsieur, j'entre dans votre souffrance de ne pouvoir profiter d'une occasion qu'on ne trouve pas deux fois dans la même campagne, et votre sang pétille quand vous pensez au bien qui pourrait en résulter pour le roi et pour votre gloire personnelle. Consolez-vous en pensant que nous sommes mieux que nous avons été, que notre armée est nombreuse et payée et que selon toutes les apparences, nous n'éprouverons pas de nouveaux malheurs. Il me semble que l'on est plus sage en Flandre que par le passé, et qu'on y tient bien moins de ces discours qui me fâchaient si fort ; peut-être aussi que nous ne sommes pas si bien avertis ; ceux du salon sont aussi moins vifs. Je vous ai toujours vu, monsieur, fort au-dessus de ce qu'on appelle tracasserie. »

Mme de Maintenon joua là encore un rôle important quoique discret, modérant son protégé toujours prompt à une tonitruante impatience, fortifiant la confiance que le roi son époux plaçait en lui. Comme put l'écrire avec bonheur le marquis de Vogüé, « elle avait le secret de ces admonestations amicales qui, sans froisser un amour-propre ombrageux, calmaient les emportements de l'homme de guerre et orientaient la perspicacité du courtisan ». Elle sut garder en réserve cet homme incommode mais précieux en prévision du moment où le roi déciderait d'engager la dernière grande armée couvrant le cœur de la France.

Accompagné d'une telle épouse, Louis XIV exerçait son métier de roi dans un esprit différent. Il était naturellement le maître, mais sa domination devenait bien davantage une soumission à Dieu qui l'éprouvait, en disposant à sa manière de ce que le roi proposait. Si celui-ci a résisté tant bien que mal aux formidables coups qu'il eut à encaisser en 1711 et 1712, c'est sans doute aussi parce qu'il avait déjà été préparé à une forme de renoncement affectant ce qui lui tenait le plus à cœur, cette famille dont il était le chef plein de fierté. Au printemps 1712, sa femme laissa entrevoir quelle douloureuse métamorphose s'était opérée en lui : « Désormais, la France est son unique famille et au moins aussi chère que celle qu'il a perdue. »

La postérité a retenu de Louis XIV l'image diffusée par les peintures de la Grande Galerie de Versailles, édifiée au lendemain de la paix de Nimègue en 1679 : la gloire du monarque était telle que la mythologie et l'histoire antique n'offraient plus de ressources suffisantes pour en rendre compte. Seul le visage de Louis pouvait dire ce qu'était Louis et, à de très rares exceptions près, comme le défunt Turenne, les autres figures de généraux et de courtisans représentées sur la voûte étaient renvoyées à l'impersonnel. À ne prendre que cette iconographie superbe et complaisante, on perdrait de vue que le roi est issu d'une lignée, celle de Saint Louis, et qu'il a été, jusqu'en 1711-1712, un patriarche heureux. Pourtant, Louis XIV n'a pas oublié ce qu'il devait à ses pères, même s'il n'en parlait guère. À partir de 1699, le souvenir de ceux-ci revint au premier plan, tandis qu'il négociait en secret avec le roi d'Angleterre Guillaume III d'Orange le partage de la monarchie espagnole au profit de son deuxième petit-fils, le duc d'Anjou. Était-ce la vieillesse qui rapprochait le roi de Louis XIII, ce père qu'il avait si peu connu mais qu'il se souvenait avoir vu moribond, et de Henri IV, ce grand-père qui, moyennant une abjuration, avait établi sa lignée sur le trône de France ? La religion unissait aussi dans une même démarche la piété envers les ancêtres, le souci d'exécuter leurs vœux et la soumission à Dieu. Ostensiblement, Louis XIV, par trois chantiers religieux, manifesta le lien qui l'unissait à ses pères.

À Orléans, il avait à achever la cathédrale ruinée en 1568 par les huguenots et que son grand-père avait pris l'engagement de reconstruire à l'identique. En 1684, Louis XIV était venu se rendre compte des travaux, alors que la nef venait d'être achevée. Il s'était opposé à ce qu'on l'accrût de deux travées avant de la clore par une façade. Mais c'était compter sans d'ingénieux et tenaces Orléanais résolus à allonger leur nef aux frais du roi. Celui-ci, en 1707, en dépit de la guerre, ne perdait pas de vue le chantier ouvert par son grand-père. Un arrêt du Conseil, en mai, commença par fixer l'ordre des travaux à réaliser, un clocher à la croisée du transept puis un portail. Ensuite le roi imposa l'ordre gothique contre le style « moderne » inadapté à l'architecture de la cathédrale. Enfin, il accepta un projet de portail gothique en admettant tacitement l'allongement de la nef. Mais les travaux durent être interrompus à l'automne 1710. Louis XIV ne parvint pas à exécuter dans sa totalité l'engagement de son grand-père.

En revanche, à Notre-Dame de Paris, il reprit à son compte le vœu de son père. Louis XIII, lorsqu'il avait placé en 1638 la France sous la protection de la Vierge, s'était engagé à faire reconstruire le maître-autel médiéval et à y installer une *Pietà* devant laquelle le roi agenouillé offrirait sa couronne et son sceptre. Mais il était mort en 1643 sans avoir exécuté son vœu et son fils ne s'en était guère soucié avant l'extrême fin du siècle. Au cours de l'année 1699, les travaux commencèrent enfin dans le chœur. Louis XIV avait demandé à son premier architecte, Jules Hardouin-Mansart, le dessin d'un baldaquin destiné à surmonter le nouvel autel, puis donné son approbation au projet d'une sorte de dôme ajouré porté par quatre colonnes torses et survolé par deux anges soutenant le globe terrestre couronné par la croix. Il aurait ainsi installé dans le chœur de Notre-Dame un baldaquin comparable à celui du Val-de-Grâce, le vœu de sa mère pour sa naissance tant désirée.

Mais la guerre de Succession d'Espagne devait rapidement interrompre le chantier, laissant Notre-Dame sans maître-autel, puisque l'on avait détruit l'ancien dès avril 1699 et posé la première pierre du nouveau le 7 décembre suivant, sans aller plus loin. C'est à l'heure des défaites que survint l'occasion inattendue de reprendre les travaux, grâce à la générosité du chanoine de La Porte. Il fallut toutefois simplifier le projet. Robert de Cotte, qui succéda à Hardouin-Mansart, mort en 1708, abandonna les colonnes et le dôme dessinés par son prédécesseur. La poursuite du chantier conduisit aussi à la mise au goût du jour de l'ensemble du chœur. Il en résulta des fouilles menées en 1711 et la découverte de statues romaines que signale Dangeau. Le chœur ne fut en état d'être rendu au culte que le 22 avril 1714. On put ainsi y chanter un *Te Deum* pour la paix de Rastadt. Il restait encore à achever véritablement le maître-autel voulu par le roi, ce qui ne fut fait qu'après 1715.

L'ensemble réalisé nous est connu grâce aux éléments qui ont survécu à la Révolution, et aux gravures qui le représentent. Les colonnes du chœur étaient pourvues de six anges de bronze exécutés en 1712 et 1713 et portant les instruments de la Passion. Après avoir gravi quatre marches, on accédait au sanctuaire pavé d'une composition de marbres de couleur autour d'un médaillon aux armes royales. Trois marches plus haut se dressait le maître-autel, où la *Pietà* de Nicolas Coustou ne fut pas mise en place avant 1723. Au-dessus se déployait une gloire dorée avec un ange et une suspension eucharistique. La dynastie était là, de part et d'autre de la Mère portant le corps de son Fils descendu de la croix : à droite Louis XIII à genoux, sculpté par

Guillaume Coustou, à gauche Louis XIV par Antoine Coysevox.

Le troisième chantier fut celui de la Chapelle royale de Versailles, longtemps méditée et tardivement réalisée, entre 1699 et 1710. Elle avait en commun avec les précédentes églises de se situer dans une continuité, à la fois dynastique et monarchique. Poursuivant la tradition des chapelles royales médiévales, elle révélait une structure largement gothique avec ses deux niveaux bien distincts, ses pinacles et ses arcs-boutants dissimulés, sa lanterne en guise de flèche. Avec ces trois églises, c'était comme une galerie de rois qui venaient environner leur digne successeur au moment où celui-ci s'apprêtait à établir à Madrid la maison de Bourbon en lieu et place de celle d'Autriche.

Pourtant, alors que Versailles s'achevait, que Paris et Orléans avançaient tant bien que mal, Louis XIV voyait surgir la défaite en Espagne comme en France. En 1704, le désastre de Blenheim avait fait connaître à l'Europe étonnée ou soulagée que les armées du Très Chrétien n'étaient pas plus invincibles que les Turcs devant Vienne en 1683. Les deux monarques Bourbons ne cessèrent ensuite d'accumuler déceptions, mécomptes et humiliations. En mai 1706, les Franco-Espagnols furent chassés d'une bonne part des Pays-Bas après leur défaite de Ramillies ; durant l'été l'archiduc Charles fit son entrée à Madrid, puis ce fut le désastre de Turin. Louis XIV songea à traiter et proposa des conférences aux Anglo-Hollandais qui refusèrent. Il écrivit à l'ambassadeur Amelot à Madrid : « Au reste, après les malheurs arrivés, le roi d'Espagne doit s'attendre à de grands démembrements de la monarchie lorsqu'il sera question de traiter avec ses ennemis et il est nécessaire que vous ayez soin de l'y préparer. » Il ne s'agissait encore que de partager l'héritage espagnol qu'on avait cru pouvoir récupérer tout entier. Mais en 1708 la situation se dégrada encore avec la chute de Lille, prise par l'ennemi, tandis que la fin de l'année voyait s'abattre sur la France un hiver atroce. Plus que jamais, Louis XIV se trouva confronté à un choix terrible entre les intérêts de sa maison, si patiemment défendus, et le soulagement de ses sujets accablés de misères.

Le roi prit le parti de préférer le « repos » de ses sujets à ses intérêts dynastiques. On peut imaginer ce que lui coûta pareil renoncement, qui le conduisit à accepter jusqu'à la perte de presque tous les acquis territoriaux de son règne si longtemps victorieux. Au fur et à mesure que le sort des armes devenait défavorable aux Bourbons, Louis XIV offrit davantage, tâchant seulement de préserver une couronne pour son petit-fils. Au printemps 1709, il était prêt à céder la totalité de l'héritage de Charles II d'Espagne, hormis Naples et la Sicile. Mais les Alliés estimèrent que c'était trop peu. La honte venait accroître la défaite. La France en était réduite à demander une cessation immédiate des hostilités, ce qui fit accroire qu'elle était désormais hors d'état de les soutenir plus longtemps.

Se voyant en arbitres de l'Europe, les Provinces-Unies entendirent infliger au roi de France une vengeance à la mesure de la peur qu'elles avaient connue lors de l'invasion de 1672 et produisirent des exigences inouïes : Philippe V devait renoncer à toutes les possessions espagnoles au profit de l'archiduc Charles, désormais reconnu comme Charles III d'Espagne, avec la totalité de l'héritage de Charles II. Tout ce qui était alors en possession du duc d'Anjou serait restitué sous deux mois au nouveau roi. Louis XIV remettrait aux Alliés, comme garantie du départ de son petit-fils, une longue série de places fortes aux Pays-Bas et en Alsace, rendant la France sans défense. Quant aux Alliés, ils se contenteraient d'offrir deux mois de trêve et, celle-ci expirée, reprendraient les hostilités à partir des places françaises occupées. Louis XIV aurait même à envoyer ses troupes en Espagne afin d'en chasser Philippe V si celui-ci n'obtempérait pas dans le délai prévu. Il n'était pas du tout question de lui accorder Naples et la Sicile. D'autres clauses prévoyaient le retour à l'empereur et à l'empire de Strasbourg et des forteresses tenues par les Français sur le Rhin, la reconnaissance de la succession protestante en Angleterre, la cession de Terre-Neuve, la destruction des fortifications de Dunkerque, la restitution du comté de Nice au duc de Savoie et au Roi Catholique de tous les territoires enlevés aux Pays-Bas.

Au début de juin 1709, le roi de France était prêt à céder sur presque tout. Dans son esprit, la décision d'abandonner son petit-fils était prise. Mais il se refusait à engager contre lui les armes de la France et les négociations furent rompues. Pour la première fois, on vit un roi de France s'adresser à ses sujets pour expliquer les raisons de sa politique. Colbert de Torcy rédigea pour le roi deux lettres, l'une à l'archevêque de Paris, l'autre destinée aux gouverneurs de province. Le message fut lu en chaire par les curés et par Villars à ses soldats. Nous n'avons malheureusement aucun témoignage d'auditeur, mais la diffusion de ce texte par la *Gazette* et les libraires-imprimeurs ne fait aucun doute. À Bordeaux, le conseiller au parlement Labat de Savignac, très bien informé par son beau-père député de la ville auprès de la cour à Versailles, marqua dans son *Mémorial* en forme de journal son indignation devant les « insolentes propositions des ennemis », tandis que certains courtisans envoyaient fondre leur argenterie. Vive, l'émotion pouvait aussi se révéler de courte durée, tant le découragement était répandu. Les Français eurent donc lecture d'une lettre inouïe, qui s'achevait de la manière suivante :

« Mon intention est donc que tous ceux qui, depuis tant d'années, me donnent des marques de leur zèle, en contribuant de leurs peines, de leurs biens et de leur sang à soutenir une guerre aussi pesante, connaissent que le seul prix que mes ennemis prétendaient mettre aux offices que j'ai bien voulu leur faire était celui d'une suspension d'armes, dont le terme, borné à l'espace de deux mois, leur procurait des avantages plus considérables qu'ils ne peuvent en espérer de la confiance qu'ils ont en leurs troupes. Comme je mets la mienne en la protection de Dieu et que j'espère que la pureté de mes intentions attirera sa bénédiction sur mes armes, je veux que mes peuples, dans l'étendue de votre gouvernement, sachent de vous qu'ils jouiraient de la paix, s'il eût dépendu seulement de ma volonté de leur procurer un bien qu'ils désirent avec raison, mais qu'il faut acquérir par de nouveaux efforts, puisque les conditions immenses que j'aurais accordées sont inutiles pour le rétablissement de la tranquillité publique. » Signé Louis, contresigné Colbert.

Louis XIV s'adressa aux Français *via* les gouverneurs de ses différentes provinces, car chacun d'eux représentait sa personne même dans le gouvernement dont il avait la charge et exerçait une autorité militaire. Le ton avait de quoi surprendre. Si le roi pouvait passer pour le père de ses sujets, père nourricier en temps de disette, il ne s'était jamais présenté comme leur consolateur cherchant à leur apporter le repos, autrement dit la paix, pour soulager leurs misères. Apparut aussi la notion d'« humanité » dont le XVIIIe siècle fit ensuite si fréquent usage. Elle n'était pas aussi étonnante qu'il pourrait sembler car, dans les mêmes années, elle revient à plusieurs reprises dans le vocabulaire du roi lui-même. Louis XIV cherchait à énoncer une forme à la fois traditionnelle et renouvelée de rapports avec ses sujets, louant leur fidélité comme s'il embrassait du regard l'exorbitante durée de son règne près de finir. Cette fidélité lui imposait un devoir inédit : leur expliquer lui-même sa politique.

Pendant ce temps, ses adversaires appréciaient diversement l'échec des négociations de paix. L'empereur aurait voulu qu'on fût encore plus dur avec la France, alors que le prince Eugène et Marlborough estimaient qu'on avait agi maladroitement et manqué le résultat. Peu de mois après, Malplaquet montra à tous que la France n'était pas encore à genoux. À l'automne 1709, le contact fut repris avec les Provinces-Unies. Il en résulta une conférence de paix, qui se déroula de mars à juillet 1710. Les plénipotentiaires français se virent fixer comme objectif d'obtenir que la monarchie espagnole fût partagée, de manière à en conserver une partie pour Philippe V. Il fallait tenter, à force de concessions, la division des adversaires. Mais loin de modérer leurs exigences, les Alliés les accrurent encore. Aucun de leurs diplomates n'avait pris la mesure du refus de Louis XIV l'année précédente et du bain de sang de Malplaquet. Les Alliés réclamaient plus que jamais l'intervention militaire du roi de France contre Philippe V. Ce serait même aux seuls Français qu'incomberait cette tâche, les troupes alliées ne devant pas y prendre part, surveillant seulement que l'éviction aurait bien lieu. Le Bourbon évincé recevrait comme piètre compensation la Sicile.

Une fois de plus, Louis XIV alla très loin dans les concessions. Il ne croyait plus, à son âge, voir se rétablir la fortune de la France. Sans même discuter l'expulsion de Philippe V, qu'il tenait désormais pour inévitable, il rejeta sa mise en œuvre par ses propres régiments et proposa le versement d'une indemnité de 500 000 livres pour l'entretien des forces alliées qui s'en chargeraient. Les Alliés refusèrent cette demande et les négociations furent de nouveau rompues. Les hostilités se poursuivirent donc.

On voit qu'en 1709-1710, Louis XIV a, par deux fois, privilégié les intérêts de son peuple plutôt que ceux de sa maison. La raison d'État le conduisit à un tel choix, si contraire aux enjeux à la fois dynastiques et économiques de la guerre. Quel sens y aurait-il à poursuivre la lutte si l'improbable maintien de Philippe V sur le trône espagnol devait être payé de l'invasion de la France ? Quel intérêt trouverait-on à vouloir tirer profit des trésors d'Amérique si cette entreprise hasardeuse se soldait par la ruine du royaume ? Le roi a, à deux reprises, accepté de sacrifier son petit-fils à la conclusion d'une paix qui soulagerait ses sujets. Ce faisant, il consentait à la perte de décennies d'efforts en vue de l'obtention de la succession d'Espagne. Des années d'une guerre menée aussi bien en Flandre qu'en Italie, en Castille que dans l'Atlantique allaient sombrer dans le néant des sacrifices inutiles. À de telles conditions, donner la paix à ses sujets écrasés d'impôts et de misère signifiait subir une formidable perte de prestige international. Le roi, longtemps si attentif à sa gloire, savait fort bien que la monarchie française devrait accepter publiquement la préséance de la maison d'Autriche qu'elle avait si longtemps contestée.

À Versailles s'affrontaient auprès de Louis XIV adversaires et partisans d'une paix à tout prix, jusque dans son entourage intime. Mme de Maintenon, qui s'était toujours montrée réticente envers la succession d'Espagne, défendait la paix. Une fois arrivé le temps des défaites, elle avait estimé qu'il fallait les accepter pour ce qu'elles étaient, le juste châtiment divin de la démesure royale. Peu avant Noël 1708, elle écrivit à la princesse des Ursins, laquelle était attachée à la cause de son maître, le roi d'Espagne : « Vous avez raison de dire qu'il faut regarder tout ce qui nous arrive comme venant de Dieu. Notre roi était trop glorieux ; il veut l'humilier pour le sauver. La France s'était trop étendue et peut-être injustement ; il veut la resserrer dans des bornes plus étroites et qui en seront peut-être plus solides. Notre nation était insolente et déréglée ; Dieu veut la punir et l'abaisser. » En avril 1709, elle insiste encore : « Vous pensez qu'il faut périr plutôt que de se rendre ; je pense qu'il faut céder à la force, au bras de Dieu qui est visiblement contre nous et que le roi doit plus à ses peuples qu'à lui-même. Ce ne seront point mes avis qui feront la paix ou la guerre ; je les dis librement, parce que je connais leur peu de valeur [1]. »

Au printemps 1709, Mme de Maintenon n'était pas la seule à faire valoir de tels avis auprès du roi. Plusieurs de ses ministres les partageaient aussi. Les dépêches

1. Mme de Maintenon n'était pourtant pas prête à tout sacrifier pour obtenir la paix. Une chose était de renoncer à l'Espagne, une autre de laisser l'ennemi envahir le royaume.

adressées notamment par les intendants, les demandes de secours envoyées par les évêques et appuyées par Mme de Maintenon lui renvoyaient l'image d'un royaume à bout, que les petits miracles financiers de Desmarets, l'appui discret mais ô combien précieux des banquiers huguenots et l'arrivée à travers l'Atlantique des vaisseaux chargés d'argent américain ne permettraient sans doute pas de sauver de la ruine et de la défaite. Le *Journal* de Torcy montre à plusieurs reprises de manière explicite dans quels embarras et quelles incertitudes le roi se débattait. Il aurait aussi à annoncer à son petit-fils qu'il l'abandonnait. Celui-ci avait fort bien compris de quel péril il était menacé et écrivit dignement à son grand-père « qu'il ne croyait pas que le roi son aïeul l'abandonnât jamais ; qu'en tout cas, il ne tirerait jamais son épée contre la France, et contre la nation qui après Dieu l'avait placé sur le trône ». Dans une telle conjoncture, Louis XIV encourait le risque d'une rupture dans sa propre famille. Au printemps 1709, les lettres échangées par Philippe V et le duc de Bourgogne exprimaient une affection de plus en plus teintée de désespoir : « Je me flatte que vous ne me croyez pas capable d'oublier jamais l'amitié si étroite qui nous a liés pendant notre enfance et qui me fait pleurer si tendrement notre séparation : c'est cette même amitié qui me fait sentir maintenant combien il est pénible d'être frère et français tout en même temps et que nos malheurs aient été jusqu'au point de désunir en partie ces deux qualités. Mais ils ne désuniront jamais nos cœurs. » Monseigneur avait soutenu avec ferveur la cause de son fils le roi d'Espagne, mais, en mai 1710, les perspectives étaient telles qu'il se rallia lui aussi à l'avis devenu général d'obtenir la paix, même à de très dures conditions. Il n'y avait plus guère que le duc de Beauvillier [1] pour parler en faveur de Philippe V et le duc de Bourgogne pour faire état de ses problèmes de conscience et ne pas trancher, ce qui agaçait Louis XIV.

Le roi avait accepté qu'on sacrifiât son petit-fils de Madrid sur l'autel de la paix, mais avait refusé d'être lui-même le bras sacrificateur. En 1709, chasser lui-même Philippe V en lui faisant la guerre ruinait son honneur. Un an plus tard, il en était venu à proposer de payer la besogne qu'il se refusait d'exécuter lui-même. Mais cela lui fut refusé et la situation militaire bascula en Espagne au moment où l'on s'y attendait le moins.

Fort affaibli par la décision de Louis XIV de retirer le gros des forces françaises opérant en Espagne afin de faciliter la paix, hormis quelques dizaines de bataillons provisoirement maintenus grâce à l'insistance de Monseigneur, Philippe V subit deux graves défaites, à Almenara en Catalogne le 27 juillet 1710, puis devant Saragosse le 20 août. Il lui fallut évacuer Madrid, où l'archiduc Charles entra pour la seconde fois, fin septembre. Mais les négociations avaient été rompues depuis juillet et Louis XIV, convaincu par le duc de Noailles envoyé en Espagne, entendait à nouveau soutenir militairement son petit-fils. Des troupes françaises commandées par Vendôme et Noailles étaient de retour en Castille, tandis que l'archiduc Charles se trouvait face à des Castillans hostiles, avec des lignes de communication largement étirées depuis Barcelone et la

1. Paul, duc de Beauvillier (1648-1714), premier gentilhomme de la Chambre, gendre de Colbert, chef du Conseil royal des finances, gouverneur des fils de Monseigneur, devint ministre d'État en 1691 sans portefeuille particulier.

Catalogne. Vendôme alignait des forces supérieures ; le temps jouait contre ses adversaires austro-anglais, qui savaient ne pouvoir hiverner à Madrid. À la fin de novembre, les Alliés reprirent le chemin de la Catalogne, poursuivis par Vendôme. Celui-ci accrocha d'abord l'arrière-garde anglaise de Stanhope à Brihuega, le 8 décembre, et l'accula à la capitulation. Puis, à Villaviciosa deux jours plus tard, il s'attaqua sans succès au gros de l'ennemi commandé par le prince Starhemberg. Mais si celui-ci échappa à la capture, sa retraite se révéla ruineuse. Il lui fallut abandonner sur les routes de l'Aragon artillerie, bagages, approvisionnements, pendant que Philippe V revenait à Madrid. Pendant l'hiver, les Alliés se trouvèrent rejetés en Catalogne, dont une partie leur échappait désormais grâce à l'avancée de Noailles qui s'était emparé de Gérone.

Les forces conjointes des Bourbons venaient ainsi de remporter stratégiquement la plus importante victoire de la guerre. Après tant de batailles qui avaient vu s'affronter des masses humaines (75 000 hommes contre 86 000 à Malplaquet, par exemple) avec des résultats stratégiques inégaux, ce fut la perte de 4 000 hommes à Brihuega puis celle du matériel et des bagages à travers l'Aragon qui scellèrent l'impossibilité de venir à bout de Philippe V. À Londres, on comprit plus vite qu'ailleurs que la guerre ne pouvait plus être gagnée en Espagne. Il ne faudrait plus vouloir imposer d'aussi humiliantes conditions à un roi qui ne se montrait plus du tout disposé à abandonner son petit-fils. Une armée toujours debout en France du Nord et une victoire en Espagne changeaient profondément le rapport des forces entre les Bourbons et la coalition ennemie.

Lorsque Monseigneur fut emporté par la petite vérole en avril 1711, sa famille commençait à reprendre espoir. L'annonce de sa mort provoqua la consternation à Madrid où l'on savait tout ce qu'on lui devait. En 1709, aux heures les plus sombres de la lutte, il avait forcé la main à son père. Jamais auparavant on n'avait vu une décision prise par le roi en Conseil rediscutée le lendemain et infirmée, parce que Louis XIV avait eu du remords d'abandonner son petit-fils et que Monseigneur avait su arracher à son père hésitant le maintien temporaire de quelques dizaines de bataillons en Espagne. Pour le roi de France, l'union maintenue de la famille devrait s'accommoder de la séparation des deux couronnes, seule capable d'assurer la paix, d'abord avec l'Angleterre, puis avec les autres puissances ennemies.

Philippe V avait été sauvé contre toute attente, alors même que Louis XIV l'avait, en son for intérieur, sacrifié, tel Abraham se résolvant à tuer Isaac. Lorsque la mort ôta au vieux roi son fils, sa petite-fille, son petit-fils et son arrière-petit-fils, il était tout à la fois dans des dispositions empreintes de renoncement et toujours à l'affût de ce que la Providence, conjuguée à la patience, lui offrirait.

Quelques jours à peine après la mort de Monseigneur, un formidable encouragement parut venir directement du ciel. Un des pires ennemis des Bourbons, l'empereur romain germanique Joseph Ier, venait de mourir – lui aussi de la petite vérole. Après tout, Monseigneur n'était que l'héritier d'un monarque âgé, mais toujours en pleine santé, tandis que l'empereur était une des têtes de la coalition adverse. Ce dernier était aussi fort méfiant à l'égard de son frère l'archiduc Charles.

Depuis un demi-siècle, l'avenir des Habsbourgs avait souvent été incertain. Leur branche aînée s'était éteinte onze ans plus tôt et le défunt Charles II avait même privilégié les intérêts de la monarchie espagnole aux dépens de ceux de sa maison. La branche cadette demeura longtemps en péril d'extinction avant que naquissent enfin deux fils d'un troisième mariage, les archiducs Joseph puis Charles. En 1705, Joseph succéda à son père Léopold à la tête de la monarchie autrichienne, tout en ayant déjà ceint la couronne impériale. Il demeurait pourtant sans autre postérité que deux archiduchesses dont les mariages ne manqueraient pas de créer de dangereuses prétentions. L'archiduc Charles, élevé dans l'attente d'une couronne à Madrid, combattait pour son héritage espagnol. Mais son épouse ne lui avait encore donné aucun enfant et il dut signer, avant de quitter Vienne, un accord très défavorable aux descendants qui pourraient lui naître un jour ; il en concevait du dépit envers son frère. Il n'y avait donc, en avril 1711, aucun archiduc, même au berceau, pour incarner l'avenir de la maison d'Autriche. La disparition de Joseph Ier faisait de son frère cadet l'héritier de tout le patrimoine de la maison d'Autriche, une situation qui ne s'était jamais rencontrée, même du temps de Charles Quint. L'Angleterre, qui menait la guerre pour empêcher une éventuelle union de la France et de l'Espagne, ne pouvait accepter l'édification d'un tel ensemble Habsbourg, contraire à ses objectifs d'équilibre des puissances européennes.

Par Colbert de Torcy, Louis XIV se hâta d'informer son ambassadeur en Espagne : « Monsieur de Blécourt. J'ai reçu par l'ordinaire la lettre que vous m'avez écrite le 12 de ce mois, et je dépêche ce courrier pour faire savoir plus promptement au roi d'Espagne que l'empereur est mort à Vienne de la petite vérole le 17 de ce mois. Quoique je sois persuadé que la nouvelle en sera bientôt portée à l'archiduc, il est cependant de l'intérêt du roi mon petit-fils de ne pas perdre un moment de temps à la répandre en Catalogne. Il n'y a pas lieu de douter qu'un événement aussi considérable et aussi peu attendu ne dérange entièrement les projets de ses ennemis et j'ai peine à croire que l'archiduc pense à demeurer en Espagne et qu'il s'expose à perdre une partie des États héréditaires de sa maison, voyant d'ailleurs aussi peu d'apparence de réussir. » Il fit écrire simultanément au duc de Noailles commandant les troupes en Catalogne : « L'empereur est mort à Vienne de la petite vérole le 17 de ce mois. Jugez s'il vous plaît monseigneur du changement que ce grand événement doit apporter aux affaires générales. Il faut compter que Dieu veut finir une guerre où sa main a paru visiblement dans tout ce qui est arrivé de singulier et d'extraordinaire. Je suis persuadé qu'il n'y a personne qui ne soit bien aise d'en voir la conclusion, mais peut-être aussi que la mort de l'empereur va donner occasion à de nouvelles guerres dont les ennemis du roi auront à craindre les suites qui ne peuvent, ce me semble, être désavantageuses à la France. »

Le duc de Bourgogne, tout nouveau dauphin, s'empressa d'en aviser son frère Philippe V et les deux morts, celle de Meudon et celle de Vienne, se rejoignirent sous sa plume :

« Je ne vous écrivis qu'un seul mot, mon très cher frère, le 15 de ce mois au sujet du malheur qui nous est arrivé ; je ne doute pas qu'ayant un aussi bon cœur que le nôtre, vous n'en ayez été bien vivement touché. J'ai beaucoup pris de part à votre peine, et je suis bien sûr que vous en aurez aussi pris à la mienne ; j'en ai été secoué et pénétré et m'en suis trouvé incommodé pendant quelques jours, c'est-à-dire sans appétit et languissant ; mais, Dieu merci ! je suis mieux présentement. C'est un coup de la main de Dieu qu'il faut adorer avec soumission, ainsi que le nouveau dont nous apprîmes hier la nouvelle.

« Vous voyez bien que c'est de la mort de l'empereur dont je veux vous parler. Dieu défend que l'on s'en réjouisse, comme nous ne pouvions la souhaiter, quand nous sûmes sa maladie ; mais il permet et veut même que l'on profite des bonnes suites que l'on peut en envisager. »

Si la mort de Joseph Ier ouvrit tout à coup la perspective d'avantageux bouleversements chez l'ennemi, elle ne supprima pas dans l'immédiat l'autorité dont jouissaient à Londres et à Vienne les deux principaux généraux adverses, le duc de Marlborough et le prince Eugène. Tous deux étaient à la tête de forces très importantes capables de fondre sur la dernière ligne de places fortes couvrant le cœur du royaume. Même si des contacts étaient désormais établis avec la cour d'Angleterre, rien ne pouvait encore assurer qu'ils aboutiraient. Combien de temps faudrait-il encore avant que triomphât à Londres une autre orientation politique, plus maritime et moins continentale ?

Pourtant, depuis les victoires espagnoles, Louis XIV avait repris espoir. La discorde avait paru chez l'ennemi. À Londres, la reine Anne supportait mal l'empire qu'avaient pris le duc de Marlborough et son épouse

Sarah [1]. Elle avait déjà disgracié celle-ci le 6 avril 1710. Puis elle s'était attaquée aux ministres whigs ; en septembre, elle avait renvoyé le Parlement et provoqué des élections que les tories avaient largement remportées. Le nouveau gouvernement était décidé à négocier secrètement la paix avec Louis XIV sans se soucier des Alliés qui se verraient menacés d'une paix séparée s'ils ne voulaient pas adhérer au règlement diplomatique qui se préparait entre Versailles et Londres.

Le temps n'était plus à demander la paix à n'importe quel prix. Désormais, il fallait attendre, sans prendre le risque d'une défaite irréparable, propre à relancer l'intransigeance adverse. Marlborough prit l'offensive, le 6 août 1711. Trompant Villars sur ses véritables intentions, il força brillamment et sans perte aucune les lignes françaises et s'en alla, par-delà l'Escaut, assiéger la petite place de Bouchain que Villars fut incapable de secourir. Elle se rendit le 12 septembre, donnant aux vainqueurs l'impression quelque peu fallacieuse d'avoir percé la frontière fortifiée et ouvert la route vers le cœur du royaume. Mais le général anglais quitta bientôt son armée pour Londres où son pouvoir se trouvait désormais en péril. Depuis le 26 août, des négociations secrètes avaient été ouvertes à Londres ; le 8 octobre,

1. Anne Stuart (1665-1714) était la fille cadette du roi Jacques II et d'Anne Hyde, donc la demi-sœur du prétendant Stuart Jacques III. Elle n'en était pas moins très attachée à l'Église d'Angleterre. Opposée à son père, elle ne tarda pas à se fâcher avec son beau-frère Guillaume d'Orange à qui elle succéda sur le trône en 1702. Aucun des nombreux enfants nés de son mariage avec Georges de Danemark ne parvint à l'âge adulte, c'est pourquoi dès 1701 fut adopté le principe d'une succession protestante, écartant les Stuarts catholiques et profitant à l'Électeur de Hanovre Georges-Louis.

des préliminaires de paix en sept articles furent signés entre la France et l'Angleterre. Il n'était plus question d'exiger de Philippe V la renonciation à la couronne d'Espagne, mais seulement qu'elle ne serait jamais réunie à celle de France. La volonté d'en finir étant présente des deux côtés, les choses s'accélérèrent. Marlborough fut démis de son commandement par la reine Anne le 31 décembre, et le prince Eugène se rendit vainement à Londres pour raffermir l'alliance qu'il voyait se disloquer. À peine un mois après, le 29 janvier 1712, les négociations de paix s'ouvrirent à Utrecht, bientôt dominées par les discussions franco-anglaises.

Les trois morts de la dauphine, du dauphin et de leur aîné survinrent dans ce contexte, rendant plus délicate la négociation avec l'Angleterre, car elles rapprochaient brutalement Philippe V du trône de son grand-père. La question des renonciations à imposer aux Bourbons afin de séparer à jamais les deux couronnes n'en était que plus brûlante, alors que Louis XIV voyait périr ses proches. Il ne se départit pas de la conduite qu'il avait choisie. Il devait la paix à ses sujets mais il pouvait désormais l'obtenir sans l'abaissement de son petit-fils de Madrid. Il imposa sans hésiter cette séparation au roi et à la reine d'Espagne. « Il n'est pas juste que j'achève de ruiner mon royaume dans la seule vue de leur conserver le droit ou de réunir un jour les monarchies de France et d'Espagne ou de les partager entre leurs enfants » : tel était le message qu'aurait à leur délivrer son ambassadeur, le marquis de Bonnac, en avril 1712. Un mois plus tard, le ton du grand-père et chef de famille se fit plus menaçant et impérieux : « Je suis bien fâché de voir que tout ce que j'ai pu faire pour vos intérêts devienne inutile par la résistance que vous apportez à ce que j'avais ménagé pour vous ; mais après avoir donné à Votre Majesté toutes les marques possibles de la tendresse que j'ai pour elle, il est juste que je songe à mon royaume et que finisse une guerre qu'il est hors d'état de soutenir davantage. Ne vous étonnez donc pas si vous apprenez que je signe la paix sans vous, aux conditions que mes ennemis me proposent. »

Louis XIV a tenu bon. Une épouse indispensable, des ministres acharnés au travail, l'acceptation résolue d'une hiérarchie dans les priorités privilégiant son peuple plutôt que sa maison, une conception du métier de roi poussée jusqu'au renoncement lui ont permis de faire face à l'imminence du désastre, politique et militaire puis biologique et affectif. Nul doute que l'enjeu de la partie encore indécise n'a pu que stimuler chez lui le sens politique et la raison d'État. Au moins, pendant cette période critique, une famille a bien remplacé la sienne, décimée ou indocile ; elle s'appelait la France. Mais une telle substitution ne put se faire que dans une extrême tension qui rejaillissait en premier lieu sur la cour et imposait au roi de trouver, plus encore qu'à l'accoutumée, le repos dans les jardins et les forêts d'Île-de-France.

5

La cour en grand trouble

Fût-il triste ou épuisé, le maître n'en donne pas moins le ton à sa cour. Celle-ci est tout à la fois la famille royale, l'ensemble de ses serviteurs, grands et petits, et le cœur de l'État, selon une triple hiérarchie. Évaluer combien de personnes la constituent est délicat : toutes celles qui y détiennent des charges n'y servent pas simultanément mais par quartier (autrement dit par trimestre) ; la guerre en cours aspire une partie des hommes, qu'ils appartiennent ou non aux unités de la Maison du roi, loin des châteaux royaux ; enfin le nombre même de ceux que leurs affaires ou leur curiosité attirent là est variable. Car la cour n'est pas que frivolités et perversions, même si celles-ci n'y manquent pas. C'est là que s'obtient tout ce qui peut élever une famille ou pousser une carrière. Les maladroits s'y ruinent peut-être, mais pas les gens avisés. S'ils font leur cour au roi, aux princes, aux ministres, c'est moins sous l'effet de la contrainte que parce qu'ils ont tout à y gagner. À côté de ces sujets du roi en quête d'une place, d'un bénéfice, d'une grâce, on trouve aussi des étrangers, princes ayant statutairement rang à la cour de

France et diplomates des États avec qui Louis XIV n'est pas en guerre.

Selon les circonstances mais aussi le moment de l'année, on se presse plus ou moins chez le roi. Mais dès qu'il revient de Marly, dès qu'il reparaît après une absence un peu prolongée loin des courtisans, la cour est « grosse ». On s'est plu à affirmer que Paris prenait déjà sa revanche sur Versailles. Mais c'est négliger l'évidente complémentarité des deux et oublier que, jusqu'en avril 1711, Monseigneur, installé à Meudon, est aussi très présent, et très apprécié, dans la capitale.

Contrairement à une idée reçue, la cour du vieux Louis XIV n'a pas perdu son éclat. Le temps des *Plaisirs de l'île enchantée* s'éloigne certes de plus en plus avec la jeunesse romanesque du souverain, mais d'autres générations sont venues apporter leur marque. Si la tristesse finira par s'imposer, ce sera sous l'effet de la disparition de la duchesse de Bourgogne, en février 1712, et pas avant. Le roi ne néglige rien pour l'amusement de sa petite-fille et celle-ci suscite autour d'elle un véritable tourbillon de fêtes et de divertissements. Louis XIV et son épouse ne peuvent plus se passer d'elle, chacun à sa manière. Les soirées d'appartement, ces réceptions que le roi donne régulièrement à ses courtisans dans son Grand Appartement, continuent d'attirer, car on y joue, on y danse, on y écoute de la musique, on y mange, on y boit, on s'y voit, on y intrigue, on y médit, le tout fort bien. Le cérémonial de la cour est toujours aussi imposant et tout entier dans la main du roi qui peut le perpétuer ou le modifier à sa guise.

Le temps est d'abord rythmé par les fêtes religieuses, que le roi et Mme de Maintenon observent avec soin et que les courtisans suivent avec des sentiments variés, allant de la dévotion véritable à l'hypocrisie la plus consommée. L'année liturgique s'ouvre avant l'année civile par le temps de l'avent, temps ponctué de prédications, avec, le 8 décembre, la Conception de la Vierge, pour déboucher sur Noël. Le 1er janvier est le jour de la Circoncision du Christ et voit le chapitre puis la procession de l'ordre du Saint-Esprit, et la messe dans la nouvelle Chapelle royale. Le 2 février est la fête de la Purification de la Vierge, le 25 mars, celle de l'Annonciation. Le carême a commencé, plus ou moins tôt selon les années, avec le mercredi des Cendres. Il s'achève avec la semaine sainte. Les prédications se multiplient. Le jeudi saint, le roi, reprenant le geste du Christ, lave les pieds de douze pauvres qu'il sert ensuite à table, il entend la messe et suit la procession du Saint-Sacrement, puis, le soir venu, l'office des ténèbres. Le vendredi saint, il entend un sermon puis assiste aux ténèbres. Une fois confessé, il peut communier le samedi saint, en 1711 puis en 1712 des mains de son premier aumônier. Le dimanche de Pâques (le 5 avril en 1711, le 27 mars en 1712), il assiste le matin à la grand-messe dans sa chapelle, et l'après-midi entend un sermon et reste pour les vêpres. La Pentecôte, la Fête-Dieu puis, au cœur de l'été, l'Assomption liée au vœu de Louis XIII sont fêtées, tout comme la Nativité de la Vierge, le 8 septembre, puis enfin la Toussaint. Plusieurs de ces fêtes sont l'occasion de cérémonies de l'ordre du Saint-Esprit, le roi étant revêtu du grand collier. Les « bons jours », après avoir communié, Louis XIV rend publiques les nominations qu'il vient de faire aux bénéfices majeurs (évêchés, mais aussi abbayes et prieurés, d'hommes et de femmes). Quelquefois, il touche les écrouelles, donnant le pas aux Espagnols sur les Français lorsqu'il ne veut pas s'attarder. Si Dieu a bien voulu donner la victoire aux armées du roi, un *Te Deum* est chanté en action de grâces.

Au calendrier liturgique s'ajoutent d'autres cérémonies, dépendant davantage de la volonté du roi : réceptions ou audiences d'ambassadeurs ou d'envoyés étrangers – mais la guerre en a réduit le nombre –, revues militaires, députations de tel ou tel corps important (Assemblée générale du clergé ou états provinciaux). La cour vit donc au rythme que lui donne le roi. Aussi faut-il d'abord examiner les séjours qu'il fait dans ses diverses résidences. Si les déplacements ont été nombreux pendant les onze mois séparant la mort de Monseigneur de celle du duc de Bretagne, les raisons de bouger n'ont pas manqué non plus. Certaines sont habituelles : le goût du roi pour Marly comme le séjour d'été à Fontainebleau pour la chasse. D'autres ont été propres à cette année tragique : les maladies qui ont rendu le séjour de Versailles pénible ou dangereux, le fait que le roi ne demeure pas dans une maison qui abrite un mort ou encore la résolution des fils ou petits-fils de Louis XIV de le conduire en un autre lieu pour tâcher de l'arracher à sa tristesse.

De Pâques 1711 à Pâques 1712, le roi partagea son existence entre Versailles, Marly, Fontainebleau et, de manière exceptionnelle, Meudon où il se trouva, du 9 au 14 avril 1711, au chevet de son fils. La mort de Monseigneur fit commencer dans la nuit du 14 au 15 avril un séjour à Marly d'une longueur imprévue. Lorsque le roi dut donner audience, le 27, aux diplomates et aux cours souveraines, il se rendit à Versailles dans la journée et en revint le soir. Le 22 mai, on commença à dire parmi les courtisans que le roi pourrait bien demeurer à Marly jusqu'au 15 août. Le 21 juin, on se répétait qu'il avait assuré, par deux fois, qu'il partirait le 13 juillet pour Fontainebleau.

De fait, le 15 juillet, à deux heures et demie de l'après-midi, Louis XIV quitta Marly pour Fontainebleau. Mais le roi ne gagnait jamais ce château d'une seule traite. Il coupait le voyage d'une étape à Petit-Bourg, un château appartenant au duc d'Antin, directeur général de ses Bâtiments, le fils légitime de Mme de Montespan. Il y arriva sur le soir, y dormit, puis repartit le lendemain pour être en fin de matinée à Fontainebleau. Le séjour dans l'ancien château des Valois dura jusqu'en septembre. Dangeau note, en date du 25 août : « On commençait à dire que le roi pourrait bien rester à Fontainebleau jusqu'au 25 de septembre, paraissant qu'il s'y divertissait assez et que M. le Dauphin et Mme la Dauphine s'y plaisaient aussi. » La cour vécut dans ces conjectures jusqu'au 8 septembre, jour où le roi, à son retour de promenade, déclara qu'il quitterait Fontainebleau le 14.

Comme prévu, le 14, à deux heures, Louis XIV partit pour Petit-Bourg où il arriva trois heures plus tard et, le lendemain, à deux heures et demie, il se remit en route pour être à Versailles sur les cinq heures et demie. Dans l'après-midi du 16, il alla à Marly. Mais ce ne fut que simple visite, tout comme le 19 et encore le 24 lorsqu'il s'y rendit pour dîner. En revanche, dans l'après-midi du 7 octobre, ce fut pour dix jours que le roi partit à Marly. Il en revint le 17 pour passer deux semaines à Versailles. Le 2 novembre, jour des Morts, il retourna séjourner à Marly et y demeura jusqu'au 14, la plupart des courtisans étant persuadés qu'il resterait à Versailles jusqu'à la veille des Rois ; « mais quelques-uns croyaient qu'il ne serait pas si longtemps sans retourner à Marly ». En décembre, Louis XIV s'y rendit à trois reprises, mais pour de simples allers et retours dans l'après-midi, les 3, 5 et 22.

Le 18 janvier 1712, il s'installa à Marly jusqu'à la veille de la Chandeleur, et le 1er février, « sur les cinq heures du soir, le roi arriva à Versailles, où il trouva une très grosse cour ». Mais, dès le 4, il fit un aller et retour à Marly pour s'y promener. Le 12, c'est l'agonie de la dauphine qui l'y ramena. Il entrait dans le domaine quand le rejoignit la nouvelle de sa mort. Bien que Marly eût vu mourir le dauphin, Louis résolut d'y rester malgré tout, envoyant le corps de son petit-fils à Versailles, qu'il regagna le 27 février. C'est là que s'éteignit le petit duc de Bretagne, le 9 mars. Louis XIV repartit pour Marly le 6 avril, y resta jusqu'au 30, demeura à Versailles pendant la totalité du mois de mai et retourna à Marly le 8 juin.

Ainsi, sur cette année des quatre dauphins, loin de s'enfermer à Versailles où il ne fut au total que quatre mois et demi, le roi en a passé cinq et demi à Marly et presque deux à Fontainebleau. Il y a néanmoins une continuité, invisible en apparence, mais nettement perceptible dès qu'on se reporte aux récits de Dangeau et de Sourches : elle est liée à l'attachement du roi pour la nature, que ce soit celle, humanisée, des jardins, ou bien celle, sauvage, des forêts et du gibier. Louis XIV avait profondément besoin du grand air, des longues promenades dans les parcs qu'il avait fait planter ou réaménager, comme des après-dînées de chasse le conduisant au profond des bois parmi les abois des chiens et les appels de cor. Lorsque les peines du métier de roi atteignaient les limites du supportable, quand l'affliction menaçait de tout recouvrir de sa nappe noire, il restait l'apaisement que prodiguait la nature avant d'aller sur le soir rejoindre Mme de Maintenon. Plus que jamais, le roi fit appel aux parcs et aux bois et ceux-ci ne le déçurent point. Tel le géant Antée, il reprenait force au contact de la terre. À Marly, trois jours après la mort de Monseigneur, « le roi, qui a besoin de prendre l'air, alla faire un tour dans le parc, où il tira quelques coups », dit Dangeau. Le lendemain, il se tint sur les hauts de Marly pour passer en revue les gendarmes et les chevau-légers. En février suivant, alors que la dauphine vient de disparaître et qu'il souffre de violents maux de tête, il se promène dans les jardins de Marly. Puis, dans les jours qui suivent le trépas du dauphin, voir le roi à nouveau dehors rassure les courtisans. Le 8 mars, à Versailles, tandis que le petit dauphin est au plus mal et que son frère vaut à peine mieux, Dangeau rapporte qu'il « tint Conseil des finances ; rien ne le détourne de son application aux affaires. Il alla tirer l'après-dînée pour prendre un peu l'air dont il a plus besoin que jamais dans l'accablement où il est ; le soir chez Mme de Maintenon, il travailla avec M. Voysin et M. Desmarets ». Dans les jours qui suivirent ce quatrième décès, il alla à plusieurs reprises se promener à Marly.

Ces sorties, ces chasses pouvaient durer des heures. En dépit de son âge, le roi demeurait un excellent tireur. La goutte ne lui permettait plus de courir le cerf ou le sanglier à cheval, mais, en calèche, il continuait de prendre part à la chasse. Fontainebleau était la résidence la plus appropriée pour de tels divertissements. Le séjour qu'il y fit de mi-juillet à mi-septembre 1711 lui permit de donner libre cours à ce besoin d'exercice. Faisant halte à Petit-Bourg, le 15 juillet, il fit, en dépit de la pluie, le tour des jardins en calèche, avec auprès de lui son indispensable dauphine. Une fois à Fontainebleau, il alla presque chaque jour à la chasse. Ainsi, le 18, « le roi courut le cerf l'après-dînée ; la dauphine était à cheval avec beaucoup de dames. Après la chasse, qui fut fort longue et fort rude, le roi travailla avec M. Voysin. Le roi n'était rentré qu'à huit heures ; le dauphin et la dauphine étaient revenus longtemps auparavant ». Louis XIV se sentait redevenir pleinement lui-même lorsqu'il entraînait tout son monde dans la forêt, en particulier la dauphine, qu'un tableau de Gobert la montrant dans un très seyant costume de chasse rouge permet d'imaginer aisément, soit dans la calèche du roi, soit à cheval. Les fatigues du pouvoir et les tristesses s'envolaient sous les futaies et la vigueur revenait, inentamée et stupéfiante. Encore l'année suivante, toujours à Fontainebleau qu'elle n'aimait guère et à propos de ces équipées qu'elle évitait, Mme de Maintenon demeurait tout étonnée : « Le roi fit hier cinq ou six lieues à la chasse ; et se trouvant à cinq heures de retour, il alla dans les jardins : sa force surprend toujours. » D'autres jours, le dauphin et le duc de Berry allaient chasser de leur côté. Mais les chaleurs de l'été empêchaient quelquefois la dauphine de se joindre à eux. Parfois, le roi, accaparé par le travail avec un ministre, se contentait de se promener le soir autour du canal. Mais qu'il allât tirer ou courir le cerf, souvent avec les chiens du comte de Toulouse, toujours il reprenait ensuite le travail.

À Fontainebleau comme à Versailles, la cour vivait sous l'œil du maître, mais celui-ci avait depuis longtemps éprouvé le besoin de s'en isoler en compagnie d'une société choisie dans un domaine enchanté tout entier de sa création, Marly. Il était facile de s'y rendre, car il n'était distant de Versailles que de six kilomètres, au nord, là où le plateau s'apprête à tomber vers la Seine par des escarpements propices à ces eaux vives qu'affectionnait le roi. Il aimait s'y promener dans l'après-dînée, parfois jusqu'à la nuit, et il fallait vraiment que le temps fût mauvais pour le faire renoncer. Souvent, le roi dînait de bonne heure pour aller plus tôt à Marly. Il y séjournait aussi de plus en plus longtemps, trouvant là un refuge dans les moments trop difficiles. C'est là qu'il arriva en pleine nuit, à peine Monseigneur eut-il expiré. C'est encore là qu'il s'est réfugié quand l'agonie de la dauphine a semblé sur sa fin. C'est là aussi, auprès de lui, qu'est mort le dauphin. Pour permettre au roi de rester dans ce séjour qui lui était devenu si indispensable, on s'est hâté d'envoyer la dépouille à Versailles.

Louis XIV arrivait par le chemin menant de Versailles à Saint-Germain, franchissait la grille royale, empruntait l'avenue très en pente et sa voiture, après avoir passé l'autre grille, entre la salle des gardes et la chapelle, le déposait devant le pavillon royal. Il avait devant lui une étonnante création qui était entièrement la sienne, encore plus que Versailles et sans exemple en France. Au lieu d'un château avec son corps central et ses ailes, il avait disposé dans la verdure de ce vallon encaissé et solitaire un pavillon carré qui lui était réservé. Pour le logement de ses invités, il en avait fait élever douze autres plus modestes dont les façades avaient été peintes en trompe l'œil. Ils ponctuaient l'axe majeur du parc, allant du sud vers le nord.

Marly formait un étonnant ensemble de jardins en terrasses organisés de part et d'autre d'une série de cascades puis de bassins. Il y avait d'abord la Rivière, alimentée par les étangs et le réservoir, une succession de chutes sur un habillage de marbre aboutissant à des buffets, des vasques et des jeux s'élevant dans les airs, aux approches des parterres environnant le pavillon royal. L'axe central se poursuivait plus bas avec les pièces d'eau des terrasses successives jusqu'aux grandes nappes et à l'Abreuvoir. Le propre de Marly était que son plan imposant n'y était pas écrasant. La magnificence y était conjuguée avec une certaine intimité. Le regard ne partait pas vers des lointains triomphants, comme depuis la terrasse de Versailles. L'horizon, sans être clos, y était plus refermé. Au bas de l'Abreuvoir, on devinait l'échappée vers le méandre de la Seine. De part et d'autre de l'axe central, on accédait à des resserres de calme et de songes.

Jamais, même à Versailles, l'union du bâti et de la nature, le végétal comme les eaux vives, n'avait été poussée si loin. Pour aller d'un pavillon à un autre et surtout gagner celui du roi, on cheminait sous des treillages. Les bosquets étaient appelés tantôt des appartements verts, tantôt des cabinets, tantôt des salons. On pouvait s'y promener comme s'y asseoir sur des bancs opportunément disposés pour y tenir conversation à quelques personnes. Du côté de la Pelouse, les bois abritaient depuis 1700 un Vestibule, un salon Ovale et un Grand Salon tout de verdure avec une charmille et du gazon. L'endroit était aménagé pour y prendre des collations ou y trouver le repos après la chasse.

Marly offrait un enchantement constamment renouvelé. Au pavillon royal, les portes-fenêtres des appartements du roi et de ses proches ouvraient de plain-pied sur la terrasse et les jardins. L'été, on pouvait y dîner aux chandelles en admirant les jets d'eau. Les quatre cabinets environnaient le château avec leurs charmilles. De la terrasse, on profitait des fleurs des parterres. Au printemps, c'étaient des tulipes, des narcisses et des jacinthes puis, l'été venu, des œillets, des pivoines, des juliennes, des renoncules ou des giroflées. À partir des premières années du nouveau siècle, Louis XIV apprécia de plus en plus d'avoir des carpes dans les bassins de ses jardins. Il aimait les regarder évoluer, réfractant la lumière de leurs écailles multicolores. Certaines avaient reçu un nom, le « soleil d'or » ou bien la « mille couleurs ». À l'été 1702, Madame nota avec admiration : « Il y en a qui sont comme de l'or, d'autres comme de l'argent, d'autres d'un beau bleu incarnat, d'autres tachetées de jaune, blanc et noir, bleu et blanc, blanc et jaune d'or avec des taches rouges ou des taches noires, bref il y en a de tant d'espèces que c'est vraiment merveilleux. » Cette polychromie fut encore renforcée dans les toutes dernières années du règne, entre 1712 et 1714, par l'installation dans certains bassins de carreaux de faïence dessinant des motifs géométriques, aux harmonies bleu, vert, jaune et noir sur fond blanc dans le cas de la fontaine d'Hippomène. Marly était tout à la fois le raffinement et le rêve, là où il était possible de n'être environné que d'amis et de réaliser cette harmonie, si chère à Louis, d'un gracieux visage féminin dans la nature humanisée d'un jardin.

Au roi comme aux invités, les jardins permettaient tour à tour d'être en société et de s'isoler quand ils le souhaitaient. Ici, il n'y avait point de fâcheux ; seulement des invités, heureux d'être là. Ils s'y adonnaient à des jeux, d'adresse pour les uns, tandis que les autres avaient la possibilité d'aller à l'escarpolette, voire, pour les amateurs de sensations fortes, de prendre place dans la roulette, une sorte de chariot à roues de cuivre descendant les pentes à vive allure sur des rails de bois… On pouvait aussi deviser sous les charmilles et entre les ifs taillés. Des bancs et des niches permettaient de s'isoler ou bien de suivre les joueurs installés autour de tables de marbre ou exerçant leurs talents au portique, communément appelé « trou-madame », dont le but était de faire entrer une boule dans une ouverture jusqu'à ce qu'elle veuille bien s'arrêter sur un chiffre, gagnant ou perdant. D'autres hôtes préféraient aux exclamations des joueurs le paisible silence du cabinet de l'Ombre ou de celui de la Rêverie. On y goûtait plus qu'ailleurs le murmure de l'eau jaillissant des statues des bassins voisins et le chant des oiseaux.

Le roi apportait d'incessantes modifications à ses jardins : en 1711-1712, il aménagea les salons les plus proches de son pavillon en faisant creuser près de celui du Nord la fontaine d'Amphitrite ou en achevant le jardin de Diane et le bassin des Carpes. Il réglait une partie des frais sur sa cassette personnelle afin de ménager les ressources diminuées de l'État. Le même souci le conduisit à décider de ne plus nourrir ses invités, qui subviendraient eux-mêmes à leurs besoins dans leurs pavillons respectifs.

À cela près, l'organisation des voyages à Marly demeura inchangée. Ainsi, pour le 7 octobre 1711, le roi avait nommé les dames qui devaient en être. Les hommes n'étaient là que comme les époux des invitées du monarque. La liste heureusement conservée pour cette date – à l'été 1715, le roi, sentant sa fin approcher, a brûlé les listes des « Marlys » – indique la répartition des heureux élus. Étaient logés dans le pavillon royal appelé château, en bas, le roi, le dauphin et la dauphine, Madame et Mme de Maintenon ; en haut, le capitaine des gardes, le duc d'Orléans, la duchesse d'Orléans, le duc de Berry, la duchesse de Berry, Mme de Rochefort. Dans les pavillons du côté des offices devraient prendre place Mme la Duchesse (de Bourbon), Mlle de Bourbon sa fille, M. du Maine, fils légitimé du roi, Mme de Laigle. Quant aux pavillons et à l'aile du côté des offices en haut, ils abriteraient les autres invités, parmi lesquels Mme de Caylus, nièce assez éloignée de Mme de Maintenon, rentrée en grâce depuis 1707 après avoir été éloignée des années durant pour avoir écrit de la cour : « On s'ennuie si fort dans ce pays-ci, que c'est être exilée que d'y vivre. » Du côté de la salle des gardes, il y aurait un logement pour M. Fagon, et du côté de la chapelle, un autre pour le père Le Tellier.

Marly était d'ordinaire, pour le roi, une diversion aux fatigues de l'État et du cérémonial et, pour les courtisans, une marque d'extrême faveur. Mais en 1711-1712, les voyages finirent par prendre une durée inaccoutumée. Le roi s'isolait de sa cour pendant des semaines. Nos sources ne permettent pas de savoir précisément ce qui se passait à Versailles en son absence ni quelles étaient les activités des différents membres de la famille royale, là ou ailleurs. Une chose est sûre : tandis que Louis XIV faisait face aux urgences et aux inquiétudes des affaires de l'État en tâchant de ne pas céder aux craintes et à l'affliction, les courtisans avaient aussi à s'adapter à une succession de deuils propres à ruiner les espérances et à renverser les désespoirs.

« Tout en trouble » : la formule de Saint-Simon caractérisant l'état de la cour pendant l'agonie de Monseigneur exprime avec force la brutale inconstance des positions que provoqua l'année des quatre dauphins. Jusqu'en avril 1711, tandis que le roi manifestait une évidente santé et tenait tout, son fils et son petit-fils avaient chacun leur entourage. Les liens du sang, ceux de l'amitié et de l'intérêt bien compris avaient permis à ces petites sociétés de se constituer et de se pérenniser. Mais rien n'autorisait les uns ou les autres à y envisager, à brève échéance, le règne de leur protecteur. Les pensées sur l'avenir restaient ordonnées à des horizons lointains, pour le duc de Bourgogne encore plus que pour Monseigneur. L'un et l'autre avaient accès au Conseil. Monseigneur s'y était fait entendre, pour les affaires d'Espagne notamment. Vu son âge et sa moindre expérience, le duc de Bourgogne ne pouvait avoir le même poids que son père. Mais c'était vers lui et non vers Monseigneur que regardaient depuis la fin du siècle précédent tous ceux qui, dans la haute noblesse, rêvaient d'une autre forme de gouvernement de la France. Les relations entre le dauphin et son fils étaient donc complexes. La tornade d'intrigues de cour et d'états-majors qui suivit la défaite du duc de Bourgogne en Flandre en 1708 n'arrangea pas les choses. Monseigneur et son entourage montrèrent alors plus d'inclination pour la cause du duc de Vendôme que pour celle du jeune prince. Père et fils prirent ensuite des positions opposées lorsque la question se trouva posée du retrait complet d'Espagne et de l'abandon de Philippe V.

Monseigneur était environné d'une coterie sans grande cohérence politique que Saint-Simon baptisa « la cabale de Meudon ». On y trouvait, auprès du maître de céans, de Mlle de Choin et de Mme la Duchesse (de Bourbon), le marquis d'Antin, le prince de Conti et le duc de Vendôme. Il y avait encore les deux sœurs Lorraine, Mlles de Lillebonne et d'Épinoy, ainsi que leur oncle, le prince de Vaudémont. La familiarité de Monseigneur réunissait ces gens, pour certains fort peu recommandables. Quelques-uns étaient très proches du roi lui-même, ainsi sa fille Mme la Duchesse et le marquis d'Antin, tous deux nés de Mme de Montespan, elle de ses amours avec Louis XIV, lui des œuvres du mari légitime ; ou encore la princesse de Conti, dont la mère était Mlle de La Vallière. Les années précédentes, la « cabale » s'était surtout signalée par l'appui très marqué que ses membres avaient apporté au duc de Vendôme lorsqu'il n'avait rien négligé pour faire retomber la responsabilité de la défaite d'Audenarde sur le duc de Bourgogne. Elle s'était attiré la fureur de la duchesse, acharnée à laver l'honneur sali de son époux. Vendôme avait été envoyé par Louis XIV en Espagne où il avait su regagner l'estime royale par ses victoires. La maladie de Monseigneur tomba d'un coup sur tout ce monde supérieur et potentiellement malfaisant.

Personne mieux que Saint-Simon n'a rendu l'alternance d'affres et d'espoirs que provoquèrent à Meudon et à Versailles les hauts et les bas de la santé du Grand Dauphin. Fort mal avec l'entourage de Monseigneur plus encore qu'avec Monseigneur lui-même, il eut l'honnêteté, peut-être teintée d'ironie et de cynisme, de rapporter sans faux-semblant les sentiments qui furent les siens. Il reçut la nouvelle de la maladie sur sa terre de La Ferté-Vidame et demanda plus d'informations à son épouse demeurée à la cour. « Je passai la journée dans un mouvement vague et de flux et de reflux qui gagne et qui perd du terrain, tenant l'homme et le chrétien en garde contre l'homme et le courtisan, avec cette foule de choses et d'objets qui se présentaient à moi dans une conjoncture si critique, qui me faisait entrevoir une délivrance inespérée, subite, sous les plus agréables apparences pour la suite » : la maladie de Monseigneur suscitait chez cet ami du duc de Bourgogne d'irrépressibles espérances auxquelles la charité peinait à disputer le terrain. Saint-Simon résolut de partir pour Versailles le lundi 13 avril. Il n'y était pas encore qu'une connaissance croisée en chemin lui apprenait que le dauphin passait déjà pour hors de danger. Soucieux de faire sa cour au roi, il le fit prévenir par le duc de Beauvillier qu'il se serait bien rendu à Meudon s'il n'avait été de ceux qui s'en voyaient défendre l'accès, faute d'avoir eu eux-mêmes la petite vérole. Le chancelier de Pontchartrain lui ayant assuré le mardi que l'état de Monseigneur allait s'améliorant, il regagna son appartement « l'esprit fort rempli de ces bonnes nouvelles de Meudon ». Mais la visite, avant le souper, de la duchesse d'Orléans (fille du roi et de Mme de Montespan, donc demi-sœur de Monseigneur) eut un singulier résultat, que la pieuse Mme de Saint-Simon fut bien en peine d'empêcher.

Un véritable petit conclave se forma autour de la duchesse, qui arrivait de Meudon, avec les nouvelles les plus fraîches. Elle « vanta les soins et la capacité des médecins, qui ne négligeaient pas jusqu'aux plus petits remèdes qu'ils ont coutume de mépriser le plus ; elle nous en exagéra le succès, et, pour parler franchement et en avouer la honte, elle et moi nous lamentâmes ensemble de voir Monseigneur échapper, à son âge et à sa graisse, d'un mal si dangereux. Elle réfléchissait tristement, mais avec ce sel et ces tons à la Mortemart, qu'après une dépuration de cette sorte, il ne restait plus la moindre pauvre petite espérance aux apoplexies, que celle des indigestions était ruinée sans ressources depuis la peur que Monseigneur en avait prise, et l'empire qu'il avait donné sur sa santé aux médecins ; et nous conclûmes plus que langoureusement qu'il fallait désormais compter que ce prince vivrait et régnerait longtemps : de là des raisonnements sans fin sur les funestes accompagnements de son règne, sur la vanité des apparences les mieux fondées d'une vie qui promettait si peu, et qui trouvait son salut et sa durée au sein du péril et de la mort. En un mot, nous nous lâchâmes, non sans quelque scrupule qui interrompait de fois à autre cette rare conversation, mais qu'avec un tour languissamment plaisant elle ramenait toujours à son point ».

Résigné, Saint-Simon en était presque à se coucher quand surgit un garçon de la chambre de la duchesse de Berry disant que tout allait de mal en pis à Meudon. Sur-le-champ, notre mémorialiste se rendit chez la duchesse de Bourgogne, où il se délecta à percer de ses regards le visage et le maintien de ceux qu'il rencontrait afin de déchiffrer par leurs premiers élans, dont ils n'étaient pas maîtres, la vérité de leurs dispositions les plus secrètes. Quel ne fut pas son étonnement de découvrir le duc d'Orléans en larmes ! Et le futur Régent de lui répondre : « Vous avez raison d'être surpris, et je le suis moi-même ; mais le spectacle touche. C'est un bon homme avec qui j'ai passé ma vie ; il m'a bien traité et avec amitié tant qu'on l'a laissé faire et qu'il a agi de lui-même. Je sens bien que l'affliction ne peut être longue ; mais ce sera dans quelques jours que je trouverai tous les motifs de me consoler de l'état où on m'avait mis avec lui ; mais présentement le sang, la proximité, l'humanité, tout touche, et les entrailles s'émeuvent. » Saint-Simon dormit fort peu cette nuit-là, « mais, il faut l'avouer, de telles insomnies sont douces, et de tels réveils savoureux ».

La maladie de Monseigneur ouvrit soudainement une avenue aux espérances de tous ceux qui tenaient au duc de Bourgogne. Ce qui avait été la patiente préparation d'un avenir lointain et quelque peu aléatoire prit tout à coup une formidable réalité : ils étaient les amis et protégés du futur roi de France. Ils pensaient que leur heure sonnerait sous Louis XVI s'ils étaient encore en vie, et voilà qu'elle était avancée au règne de Louis XV. À tous ceux qui étaient déjà dans la familiarité du duc et à celles qui faisaient la Maison de la dauphine s'ajoutèrent promptement toutes les personnes qui voulaient bien se placer pour un tel avenir. Là encore, c'est Saint-Simon qui décape les pensées du plus grand nombre et les calculs qu'ils refaisaient en toute hâte depuis le début de la maladie à Meudon. « Versailles présentait une autre scène : Mgr et Mme la duchesse de Bourgogne y tenaient ouvertement la cour, et cette cour ressemblait à la première pointe de l'aurore. Toute la cour était là rassemblée ; tout Paris y abondait, et, comme la discrétion et la précaution ne furent jamais françaises, tout Meudon y venait, et on croyait les gens sur leur parole de n'être pas entrés chez Monseigneur ce jour-là. Lever et coucher, dîner et souper avec les dames, conversations publiques après les repas, promenades, étaient les heures de faire sa cour, et les appartements ne pouvaient contenir la foule ; courriers à tous quarts d'heure, qui rappelaient l'attention aux nouvelles de Monseigneur, cours de maladie à souhait, et facilité extrême d'espérance et de confiance ; désir et empressement de tous de plaire à la nouvelle cour ; majesté et gravité gaie dans le jeune prince et la jeune princesse, accueil obligeant à tous, attention continuelle à parler à chacun, et complaisance dans cette foule, satisfaction réciproque ; duc et duchesse de Berry à peu près nuls. De cette sorte s'écoulèrent cinq jours, chacun pensant sans cesse aux futurs contingents, tâchant de s'accommoder à tout événement. »

Tandis que notre duc voyait s'ouvrir un avenir d'autant plus radieux qu'il avait paru inespéré, la mort de Monseigneur répandit dans sa Maison panique et désespoir. Le roi partit, peinant à monter dans son carrosse. « Une foule d'officiers de Monseigneur se jetèrent à genoux tout du long de la cour, des deux côtés sur le passage du roi, lui criant avec des hurlements étranges d'avoir compassion d'eux, qui avaient tout perdu et qui mouraient de faim. » Tous ceux qui purent s'entasser dans un carrosse le firent, abandonnant le cadavre noir et difforme qui inspirait un mélange de peur et de dégoût. D'autres errèrent à pied à travers la nuit. Mlles de Lillebonne et de Melun prirent avec elles Mlle de Choin dans un carrosse de louage. Il ne resta plus, dans une insoutenable puanteur, qu'un unique gentilhomme, La Vallière, quelques valets et des capucins appelés en hâte.

Le matin suivant, Saint-Simon se trouve dans l'appartement de la duchesse de Bourgogne, quand se répand la nouvelle de la mort de Monseigneur :

« Mme la duchesse de Bourgogne consolait aussi son époux, et y avait moins de peine qu'à acquérir le besoin d'être elle-même consolée, à quoi pourtant, sans rien montrer de faux, on voyait bien qu'elle faisait de son mieux pour s'acquitter d'un devoir pressant de bienséance sentie, mais qui se refuse au plus grand besoin : le fréquent moucher répondait aux cris du prince son beau-frère ; quelques larmes amenées du spectacle, et souvent entretenues avec soin, fournissaient à l'art du mouchoir pour rougir et grossir les yeux et barbouiller le visage, et cependant le coup d'œil fréquemment dérobé se promenait sur l'assistance et la contenance de chacun.

« Le duc de Beauvillier, debout auprès d'eux, l'air tranquille et froid comme à chose non avenue, où à spectacle ordinaire, donnait ses ordres pour le soulagement des princes, pour que peu de gens entrassent quoique les portes fussent ouvertes à chacun, en un mot pour tout ce qu'il était besoin, sans empressement, sans se méprendre en quoi que ce soit ni aux gens ni aux choses : vous l'auriez cru au lever ou au petit couvert, servant à l'ordinaire. Ce flegme dura sans la moindre altération, également éloigné d'être aise par religion et de cacher aussi le peu d'affliction qu'il ressentait, pour conserver toujours la vérité. »

Parmi les courtisans, fort peu pleuraient Monseigneur et beaucoup se lamentaient sur eux-mêmes, leur place ou leurs espérances perdues. D'autres, dont Saint-Simon, savouraient ce qu'ils appelaient leur « délivrance ». L'affliction du duc de Bourgogne fut réelle et profonde, les lettres à son frère Philippe V en témoignent. Il fut vraisemblablement le premier des Bourbons à appréhender d'avoir à régner, un trait inquiétant qui devait se retrouver à plusieurs reprises tout au long du siècle. Fénelon, qui avait tant contribué à former la personnalité du jeune duc en lui inculquant le sens de ses devoirs tels qu'il les entendait, eut une grande responsabilité dans le développement d'une telle appréhension devant l'exercice du métier de roi. Apprenant la mort de Monseigneur, il écrivit au père Martineau, le confesseur du nouveau dauphin :

« Ce spectacle affligeant est donné au monde pour montrer aux hommes éblouis combien les princes qui sont si grands en apparence sont petits en réalité. Heureux ceux qui comme Saint Louis n'ont jamais fait aucun usage de l'autorité pour flatter leur amour-propre, et qui l'ont regardée comme un dépôt qui leur est confié pour le seul bien des peuples. »

La mort de Monseigneur relevait soudainement les espérances de Fénelon, exilé dans son grand diocèse de Cambrai en raison de ses liens avec la mystique Mme Guyon, et de la publication de son *Explication sur les maximes des saints* en 1697. Deux ans plus tard, il avait été privé de son titre de précepteur du duc de Bourgogne, tandis que vingt-trois propositions tirées de son *Explication* avaient été condamnées par un bref pontifical. Pour le « petit troupeau » attaché à Fénelon, l'élévation du jeune prince destinataire de son *Télémaque* et bénéficiaire de leurs réflexions sur le bon gouvernement de la France marqua le début d'un bonheur tout d'attente. Pendant ce temps, Monseigneur sombrait déjà dans l'oubli, aussi vite décomposé dans les mémoires que dans son suaire. La désolation avait été réelle à Paris où il était aimé. Bientôt, il ne resta plus guère que Mlle de Choin pour cultiver son souvenir dans sa retraite adonnée aux bonnes œuvres et, sans doute aussi, quelques dames de la Halle.

Loin de là, à Bordeaux, la nouvelle parvint le 21 avril. La journée du conseiller au parlement Labat de Savignac avait été fort agréable, sous la forme d'une partie de campagne avec ses collègues de la première Chambre des enquêtes hors de la ville. Après avoir pris un chocolat chez lui, ils s'embarquèrent aux Salinières et allèrent dîner aux champs pour un repas « assez mauvais, quoique magnifique » avec un vin si détestable qu'il fallut faire venir du petit blanc d'un cabaret voisin. Ils passèrent l'après-dînée à jouer au pharaon. De retour chez lui, le magistrat apprit la mort de Monseigneur qu'il salua de cette brève oraison : « La prédiction qu'on avait faite de lui en tirant son horoscope a été accomplie, qu'il serait fils et père de rois sans jamais être roi. » Il découpa l'article de la *Gazette* et le colla dans son *Mémorial* qui comprenait aussi les chansons ou les poèmes satiriques composés contre le duc de Bourgogne par les Hollandais ou les protégés du duc de Vendôme. Vu des bords de la Gironde, l'événement était tout à la fois d'importance et fort lointain, mais on fit ce qu'on devait : « Toute la noblesse est en deuil avec des pleureuses [1], des épées noires et des boucles de soulier noires. Elle le porte ainsi par complaisance pour M. le maréchal de Montrevel, qui le souhaite de la sorte. »

L'accession du duc de Bourgogne au rang de dauphin, officialisée dès le 15 avril, lui valut d'être le point de convergence d'attentes très diverses. Le roi et Mme de Maintenon voyaient, bien plus que dans le

1. On trouve la définition du mot chez Sourches : « Certains morceaux de toile qu'on attachait au haut des manches du justaucorps, et d'autres plus petits qu'on attachait au bout des manches des vestes. »

défunt Monseigneur, se réaliser leur rêve d'un successeur à la hauteur de leurs désirs. Louis XIV envisageait d'un cœur serein sa succession, ce qui avait pour effet de provoquer l'effroi du dauphin, anxieux de perdre son grand-père et de se trouver seul ou presque à devoir gouverner l'État. Le 17 juin, recevant les députés de l'assemblée du clergé, le roi répondit au compliment de son président, en présentant son petit-fils : « Voilà un prince qui me succédera bientôt, et qui par sa vertu et sa piété rendra l'Église encore plus florissante et le royaume plus heureux. » « Le dauphin, rapporte Dangeau, s'en alla dans sa chambre fort attendri et fondant en larmes. » Autour de lui, les ducs amis de Fénelon suivaient avec la plus grande attention la formation du futur roi. M. de Cambrai les gratifiait de ses conseils : « J'entends dire que M. le Dauphin fait beaucoup mieux. Il a dans sa place et son naturel de grands pièges et de grandes ressources. La religion, qui lui attire des critiques, est le seul appui solide pour le soutenir. Quand il la prendra par le fond sans scrupules sur les minuties, elle le comblera de consolation et de gloire. Au nom de Dieu, qu'il ne se laisse gouverner ni par vous ni par moi, ni par aucune personne du monde. Que la vérité et la justice bien examinées décident et gouvernent tout dans son cœur. Il doit consulter, écouter, se défier de soi, prier Dieu. Ensuite il doit être ferme comme un rocher selon sa conscience. Il faut que ceux qui ont tort craignent sa fermeté, et qu'ils n'espèrent de le fléchir qu'autant qu'ils se corrigeront. Il doit être auprès du roi, complaisant, assidu, commode, soulageant, respectueux, soumis, plein de zèle et de tendresse, mais libre, courageux, et ferme à proportion du besoin de l'Église et de l'État. »

De son côté, à la cour, Mme de Maintenon veillait avec de plus en plus de satisfaction à ce qui lui paraissait son chef-d'œuvre, l'éducation de la dauphine. Le 12 juin, elle marquait à Mme de Montalembert : « Je compte sur vos prières pour mon salut, pour celui du roi, pour la paix, pour le progrès de Saint-Cyr et j'y ajoute pour Mme la Dauphine à qui rien ne manque qu'un peu plus de suite dans sa piété ; celle du roi augmente tous les jours ; celle de M. le Dauphin est déjà fondée et enracinée. » Fermant les yeux sur ce qu'elle avait résolu d'ignorer ou de pardonner à celle qui l'appelait « ma tante », l'épouse du roi ne cachait pas sa satisfaction : « Mme la Dauphine passe les espérances : elle se fait aimer de tout le monde, et admirer par tous ceux qui la voient de près ; elle n'est pas sans défaut, mais le bien l'emporte de beaucoup. »

Possédant fort bien la cour de France grâce à ce que lui avaient appris ses parents à Turin, établie dans l'affection du roi et de son épouse, attirant à elle les cœurs et les esprits, dominant son mari, la dauphine avait très vite pris la mesure du rôle qui serait le sien. Cela n'en désespérait que plus sa belle-sœur, la duchesse de Berry, qui en étouffait de fureur jalouse et se voyait comme humiliée par la préséance de la dauphine. Pour celle-ci, l'heure paraissait venue de tirer réparation des avanies infligées quelques années plus tôt par la « cabale de Meudon ». « Un soir qu'à Fontainebleau, où toutes les dames des princesses étaient dans le même cabinet qu'elle et le roi après le souper, elle avait baragouiné toutes sortes de langues, et fait cent enfances pour amuser le roi, qui s'y plaisait, elle remarqua Mme la Duchesse et Mme la princesse de Conti qui se regardaient, se faisaient signe, et haussaient les épaules avec un air de mépris et de dédain. Le roi levé, et passé à l'ordinaire dans un arrière-cabinet pour donner à manger à ses chiens, et venir après donner le bonsoir aux princesses, la dauphine prit Mme de Saint-Simon d'une main et Mme de Lévis de l'autre, et, leur montrant Mme la Duchesse et Mme la princesse de Conti, qui n'étaient qu'à quelques pas de distance : "Avez-vous vu ? leur dit-elle ; je sais comme elles qu'à tout ce que j'ai dit et fait, il n'y a pas le sens commun, et que cela est misérable ; mais il lui faut du bruit, et ces choses-là le divertissent" ; et tout de suite, s'appuyant sur leurs bras, elle se mit à sauter et à chantonner : "Eh ! je m'en ris ! Eh ! je me moque d'elles ! Eh ! je serai leur reine ! Eh ! je n'ai que faire d'elles, ni à cette heure ni jamais ! Eh ! elles auront à compter avec moi ! Eh ! je serai leur reine !", sautant et s'élançant, et s'éjouissant de toute sa force. Ces dames lui criaient tout bas de se taire, que ces princesses l'entendaient, et que tout ce qui était là la voyait faire, et jusqu'à lui dire qu'elle était folle ; car d'elles elle trouvait tout bon. Elle de sauter plus fort et de chantonner plus haut : "Hé ! je me moque d'elles ; je n'ai que faire d'elles ! Eh ! je serai leur reine" et ne finit que lorsque le roi rentra. »

Dix mois s'écoulèrent dans une atmosphère étonnante, faite d'attentes dont personne ne semblait s'aviser à quel point elles étaient contradictoires. Le roi, Mme de Maintenon, l'entourage du dauphin et de la dauphine, les ducs et Fénelon, tous rêvaient à ce que serait le règne à venir de ce couple prometteur, la paix rétablie. Des conversations avec les ducs de Chevreuse et de Beauvillier conduisirent Fénelon à rédiger, en novembre 1711, ses « Tables de Chaulnes », un ambitieux programme de réforme de la monarchie et de la société françaises. Qualifié *a posteriori* d'utopique puisqu'il ne fut jamais appliqué, il prévoyait avec une audace inouïe de tourner le dos à toute la politique d'un règne qu'il tenait pour déjà achevé. La paix était à acheter à n'importe quel prix, y compris celui de la perte d'Arras et de Cambrai. L'État tel qu'il s'était développé sous les cardinaux ministres puis le règne personnel de Louis XIV serait largement démantelé au profit d'une monarchie limitée, contrôlée par la haute noblesse, décentralisée avec ses états provinciaux sur le modèle de ceux de Languedoc, surveillée par des états généraux régulièrement réunis et discutant les impôts. Quant à l'Église, elle serait une puissance indépendante, les deux pouvoirs pouvant toutefois se prêter mutuel secours. Le roi serait respecté mais non tout-puissant. Personne n'est en mesure de dire ce qu'aurait fait le duc de Bourgogne une fois monté sur le trône, ni quel monarque il serait devenu. Louis XIV l'avait admis dans tous ses Conseils. Ignorait-il quels avis on lui donnait par ailleurs ? Mais l'exemple, quelques années auparavant à la cour de Vienne, du vieil empereur Léopold, congédiant ses ministres pour faire place aux protégés de son fils l'archiduc Joseph, en anticipant de son vivant sur le règne de son successeur, avait de quoi faire rêver…

En 1712, la disparition si brutale et si rapprochée de ceux qui suscitaient et portaient tant d'espoirs provoqua l'épouvante et le désespoir. Il suffira, pour s'en rendre compte, d'ouvrir la correspondance de Fénelon qui, depuis Cambrai, assiste à la ruine de toutes ses attentes. « Ce qui m'afflige plus est la maladie de M. le Dauphin. Il y a déjà quelque temps que je crains pour lui un sort funeste. Si Dieu n'est plus en fureur contre la France, il reviendra, mais si la fureur de Dieu n'est point apaisée, il y a tout à craindre pour sa vie. Je ne puis rien demander. Je tremble, sans qu'il me soit permis de prier… Mandez-moi la suite de sa maladie, vous savez combien je m'y intéresse. Hélas, hélas ! Seigneur, regardez-nous en pitié. On devrait prier pour lui partout. »

Dans ces jours qui étaient déjà de dépouillement mais pas encore de deuil, il composa une prière pour le duc de Bourgogne, nourrie de citations de saint Augustin à qui il s'assimilait. « Ce n'est pas tout que de n'aimer que ce qu'on doit aimer. Dieu jaloux veut qu'on ne l'aime que pour lui, et de son amour […]. Dieu n'afflige que par amour. Il est le Dieu de toute consolation ; il essuie les larmes qu'il fait répandre. Il fait retrouver en lui tout ce qu'on croit perdre. Il sauve la personne que la prospérité mondaine aurait séduite, et il détache celle qui n'était pas assez détachée. Il faut s'abandonner à lui avec confiance, et lui dire : Que votre volonté se fasse sur la terre comme dans le ciel. »

Saint-Simon n'en était plus à scruter ce que trahissaient les visages ou les gestes. Il n'y eut cette fois personne pour noter d'une plume assassine la vraisemblable jubilation de la duchesse de Berry ou de quelques autres. Bien plus tard, il se contenta d'écrire : « Ces *Mémoires* ne sont pas faits pour y rendre compte de mes sentiments : en les lisant, on ne les sentira que trop, si jamais, longtemps après moi, ils paraissent, et dans quel état je pus être, et Mme de Saint-Simon aussi. Je me contenterai de dire qu'à peine parûmes-nous les premiers jours un instant chacun, que je voulus tout quitter, et me retirer de la cour et du monde, et que ce fut tout l'ouvrage de la sagesse, de la conduite, du pouvoir de Mme de Saint-Simon sur moi, que de m'en empêcher avec bien de la peine. » Au duc de Beauvillier revenant des funérailles du dauphin à Saint-Denis, il ne put que dire : « Vous venez d'enterrer la France. » Il lui restait encore à redouter qu'on trouvât dans la cassette du défunt les mémoires qu'il lui avait adressés. Mais le duc, après avoir lu au roi quelques papiers aussi lassants que sans grande importance, s'empressa de brûler le reste lorsqu'il en reçut l'ordre. « Nous nous embrassâmes dans le soulagement réciproque, qui fut proportionné pour ce moment au péril que nous avions couru. »

L'heure de la duchesse de Berry semblait avoir sonné, la payant de ce qu'elle avait tenu pour des humiliations depuis près d'un an. Elle se voyait désormais presque reine, la vie du fragile quatrième dauphin comptant pour peu à ses yeux. « Mon cher enfant, je n'ai donc plus que vous », avait déclaré le roi au duc de Berry, ce petit-fils qui lui rappelait à bien des égards Monseigneur. Pour la duchesse, fille de Philippe d'Orléans et de Mlle de Blois, donc petite-fille du roi et de Mme de Montespan, tout semblait possible maintenant qu'elle devenait le centre féminin de la cour qu'elle allait emplir de son orgueil et de ses extravagances.

Le roi entendait toutefois signifier à tous que la vie y continuait. Comme l'année précédente après la mort de Monseigneur, cela passait d'abord par la reprise d'une des passions majeures des courtisans, le jeu, ainsi que l'explique Saint-Simon. « Le roi alla le mercredi 6 avril à Marly, où, quoique le dauphin et la dauphine ne fussent pas encore enterrés, il rétablit son petit jeu chez Mme de Maintenon dès le vendredi suivant, et voulut le salon à l'ordinaire, et que M. et Mme la duchesse de

Berry y tinssent le lansquenet public et le brelan, et des tables de différents jeux pour toute la cour. Il ne fut pas longtemps sans dîner chez Mme de Maintenon une ou deux fois la semaine, et à y entendre de la musique avec les mêmes dames familières. »

Mais pouvait-on vraiment faire comme si de rien n'était ? Le renversement de tant d'espérances, la fragilité du tout jeune dauphin veillé par Mme de Ventadour, la confusion des esprits manquèrent de faire une victime de marque : le duc d'Orléans. La rapidité avec laquelle la mort avait emporté la dauphine, puis le dauphin, enfin leur fils aîné donna une soudaine consistance aux rumeurs d'empoisonnement. Les soupçons de Boudin, le médecin, ainsi qu'un avis adressé de Madrid par Philippe V y avaient préparé les imaginations. L'autopsie de la dauphine suscita la division des médecins et ne régla rien. Celle du dauphin redoubla les accusations. Fagon et Boudin assuraient trouver des traces de poison, ce que rejetait de nouveau Maréchal qui s'en ouvrit au roi et à Mme de Maintenon. Bientôt, la rumeur livra le nom de l'instigateur de ce qui n'était plus un coup du destin mais un triple crime : le duc d'Orléans, que poursuivaient déjà d'une haine tenace Philippe V et ses partisans. Le duc du Maine, les reste épars de la cabale de Meudon et, à en croire Saint-Simon, Mme de Maintenon étaient à l'origine de tels bruits.

La cour n'était plus seulement en grand trouble, elle était comme tissée de paroles de haine. Les jalousies, les frustrations, les ambitions se déchaînèrent contre ce prince du sang en semi-disgrâce depuis son retour d'Espagne et qui s'adonnait aux expériences de chimie dans un cabinet au Palais-Royal en compagnie d'un savant hollandais qu'il protégeait, Homberg. Il n'en fallait pas plus pour établir la suspicion. À chaque fois que le duc d'Orléans parut pour donner l'eau bénite à la dauphine, puis au dauphin, ce furent des cris, des huées, des injures, des menaces montant de la foule, comme lors du passage du convoi mortuaire devant le Palais-Royal. Le duc alla voir le roi, lui demandant l'ouverture d'une information et proposant d'aller de lui-même à la Bastille. Louis XIV refusa et, après avoir écouté Maréchal, fit brûler le lendemain les procès-verbaux d'autopsie. Il n'y eut donc pas de procès. Louis XIV, qui semble avoir bien reçu son neveu qu'il tenait pour innocent, entendit faire taire à sa façon la rumeur ainsi que l'envoyé vénitien Emo le fit savoir au doge : « Il a ressenti le coup autant qu'on peut le croire, et malgré cela, sachant combien il importait de relever les âmes tombées universellement dans une très grande confusion, bien qu'il eût en outre souffert de quelque incommodité dans sa santé les jours précédents, il s'imposa de se montrer et de manger en public selon son habitude. »

6

Le noir et le violet

En présence du maître, tout se tait encore. Mais il est un domaine où le cérémonial requiert presque complètement son absence physique : les funérailles. Le roi ne demeure pas dans la même maison qu'un mort, pas plus qu'il ne prend le deuil pour ses descendants. Il ne se rend pas à Saint-Denis pour accompagner les défunts et ne va pas écouter les oraisons funèbres, mais désigne des princes qui conduiront le deuil, pour le convoi et pour les services. C'est lui, en revanche, qui reçoit les compliments de condoléances de la cour, des diplomates et des principaux corps de l'État. C'est à lui aussi de décider de l'opportunité du deuil, qui le prendra et comment, quelles seront les dates et les formes des cérémonies.

Lors des tragédies qui entachèrent l'année des quatre dauphins, Louis XIV donna ses ordres au premier gentilhomme de la Chambre et au maître des cérémonies Desgranges. Très vite, il lui fallut aussi régler le sort des personnes qui avaient servi les défunts : menins du dauphin, dames de la dauphine, étant entendu que seule celle-ci avait une Maison en bonne et due forme, le dauphin ne pouvant en avoir une différente de celle de son père. Il n'en avait pas moins un aumônier, un premier médecin, etc. Après la mort de Monseigneur, Louis XIV chargea le chancelier de s'occuper du partage des biens personnels du défunt entre ses fils. Dans tout le déploiement funèbre, souvent majestueux et en principe bien ordonné sous l'autorité du roi, surgissaient quand même des contestations, voire des épisodes comiques. Les conditions de la mort de Monseigneur et la succession des décès l'année suivante firent que ces deuils ne purent prendre toutes les formes accoutumées et parfois s'en écartèrent sensiblement. En 1711, il fallut agir en toute hâte ; dix mois plus tard, le roi était à l'évidence trop affligé pour supporter de trop longues discussions sur des sujets complexes, douloureux et propres à bien des querelles.

Pour Monseigneur, il fallut faire vite, très vite, si bien qu'il ne fut pas question de le garder quarante jours dans son appartement, selon la coutume pour les princes. La contagion et la rapide décomposition du cadavre donnèrent aux cérémonies funéraires un caractère bâclé jugé indécent, même si presque personne n'était disposé à rester à Meudon. Grâce au recueil du maître des cérémonies, Desgranges, nous pouvons suivre avec précision ce qui se passa. Le roi « ayant demandé ce qu'il convenait de faire en pareil cas, nous lui dîmes qu'à cause du genre de maladie dont Monseigneur était mort, il serait inutile de lui rendre à Meudon les honneurs qui lui étaient dus parce que personne n'y viendrait, ainsi il fut résolu que dès le lendemain son corps serait porté à Saint-Denis sans cérémonies, sauf à faire dans le temps les services solennels accoutumés en pareil cas pour ce prince du sang ». La panique qui s'était déclarée lorsqu'on comprit que Monseigneur se trouvait à toute extrémité se poursuivit dans les opérations d'ensevelissement. Il serait à peine exagéré de dire qu'on escamota le corps, tant on était pressé de s'en débarrasser.

Desgranges ne laisse rien ignorer de la fuite presque générale devant un cadavre qui suscitait tant d'effroi. Personne ne prit l'initiative de faire embaumer le corps, de sorte que l'on « fut obligé de faire venir les sœurs de la Charité, établies au village de Meudon, pour ensevelir le corps et cela se fit avec si peu de soin qu'il fallut que ces sœurs envoyassent au village chercher du son pour mettre dans le cercueil au lieu des baumes, poudres et autres choses pareilles que cet apothicaire aurait dû fournir. Le cercueil fut porté par les valets de chambre jusques à la salle des gardes ou ceux-ci le prirent et le portèrent jusques à la chapelle du château, sans aucune cérémonie. Il y fut couvert d'un poêle noir, et le curé accompagné de quelques capucins firent quelques prières. À cause du genre de la maladie, ni M. le duc de Bourgogne, ni aucuns princes et princesses n'y vinrent pour lui jeter de l'eau bénite, comme on aurait dû faire sans cet empêchement ». Breteuil nota pour sa part qu'aucun officier de la Couronne, aucun courtisan n'eut la reconnaissance ou le courage d'assister à cette pompe funèbre, hormis le duc d'Aumont, premier gentilhomme de la Chambre, et lui-même. « On n'ouvrit ni on n'embauma le corps de ce prince. On mit dans son cercueil du son, comme au dernier des pauvres ; et l'ouvrier qui le fit, l'ayant fait trop étroit, ne fit entrer le corps dedans qu'à force de trépigner de ses genoux sur le ventre du dauphin. » Ce cercueil de plomb, portant l'inscription « Ici est le corps de très haut, très puissant et excellent prince Louis Dauphin, décédé en son château de Meudon, le 14e avril mil sept cens onze », fut placé dans un autre, de bois, couvert d'un tissu de velours noir, croisé de moire d'argent, brodé de la même inscription.

Le soir du 16 avril, l'évêque de Metz, premier aumônier de Louis XIV, en camail et rochet, vint lever le corps ; on plaça celui-ci dans un carrosse du roi. Le cercueil prenant trop de place, il fallut ôter la glace de devant et le bloquer sur les sièges comme on le put. Ce triste dispositif, suivi d'un autre carrosse où prirent place des gentilshommes, entama alors son voyage brinquebalant, qui dura cinq heures. Il fut résolu d'éviter Paris, où la douleur risquait d'être trop grande, si bien qu'on passa par le pont de Sèvres, le bois de Boulogne, la Croix de Saint-Ouen. Selon Breteuil, « le peuple de Paris qui l'aimait en fut si offensé que les harengères de la Halle disaient que si on avait voulu leur laisser le soin de faire le convoi de ce prince à leurs dépens, elles auraient trouvé un million, s'il l'avait fallu, pour en faire la dépense, avec la magnificence qu'il convenait de le faire ».

L'usage était, avant le service funèbre, de laisser passer quarante jours pendant lesquels des milliers de messes seraient dites, à Saint-Denis et ailleurs. Conformément à la tradition, deux services furent prévus, et Louis XIV en fixa lui-même la date : le premier aurait lieu à Saint-Denis, le 18 juin, le second à Notre-Dame, le 3 juillet. Le marquis de Dreux-Brézé et Desgranges furent chargés de régler la mise en scène de la cérémonie, d'en déterminer le style, mais aussi le prix : fallait-il suivre

« la manière introduite dans les derniers temps par Berain, dessinateur du Cabinet du roi, qui depuis plusieurs années s'était mis dans le goût de faire des mausolées et des décorations qui paraissaient plus convenables à un théâtre d'opéra qu'à une cérémonie aussi sérieuse que celle-là » ? Consulté, Louis XIV trancha qu'on ferait « comme on avait fait pour la reine mère », « indépendamment de la dépense que Sa Majesté fut bien aise de ménager ». Du coup, Breteuil trouva que l'appareil funèbre, trop simple, manquait de la magnificence requise.

Le dispositif était pourtant impressionnant, et le protocole extrêmement précis : pour les deux services, il revenait au maître des cérémonies, accompagné du roi d'armes, de porter les lettres d'invitation aux différents corps qui y étaient appelés par le roi. Il lui fallait aussi prévoir leurs hébergements à Saint-Denis comme, dans les deux cas, les pièces qui leur seraient affectées dans l'abbaye avant et après les cérémonies. Il fallait encore décider qui se placerait où, dans l'abbatiale puis dans la cathédrale. L'une et l'autre ont intérieurement beaucoup changé depuis, si bien que, même avec le secours d'un croquis que Desgranges fit pour Saint-Denis, l'année suivante, il n'est pas possible d'en avoir une vue extrêmement précise. Dans tous les cas, la répartition retenue ne manqua pas de susciter de considérables querelles, surtout quand d'autres que le maître des cérémonies se mêlaient de distribuer des places à leur guise. C'est ainsi qu'en 1712 nombre de gens furent refoulés de Notre-Dame, pourvus d'un papier inutile.

Le jour venu, tous prirent place autour du cercueil, juché sur une estrade, au milieu du chœur : le clergé dans le sanctuaire, la Chambre des comptes à l'opposé du Parlement, l'Université après lui, le Châtelet sur des places basses après les gens du roi, et ainsi de suite, les uns et les autres s'observant parfois sans aménité. Puis le duc de Bourgogne, son frère Berry et son oncle Orléans, que le roi avait choisis pour conduire le deuil, arrivèrent sur le parvis, précédés de cent pauvres, flambeaux allumés à la main, suivi de cent autres pour fermer la marche, tandis que les tambours des gardes française et suisse battaient aux champs. Le nouveau dauphin était en robe de deuil avec une queue de huit onces portée par plusieurs gentilshommes, dont certains furent bien aise de pouvoir consulter Desgranges pour savoir en quel endroit ils devaient la saisir. Une fois dans l'église, on alla prendre place en faisant des révérences aux représentations du feu roi et de Monseigneur, et devant le dauphin [1]. La messe pouvait commencer. C'est alors que survint un incident. Desgranges fit avertir l'archevêque de Reims, qui se trouvait dans la sacristie, que le temps était venu d'officier. Mais celui-ci refusa d'obtempérer, parce que le maître des cérémonies n'était pas venu en personne. Desgranges dut céder à l'archevêque, qui « vint donc avec tous les officiants par la grande porte du chœur, fit de même que les quatre évêques ses assistants une simple inclinaison en passant devant les princes, une inclinaison plus profonde en arrivant devant la représentation du feu roi, une inclinaison au clergé et commença la messe qui fut chantée par la musique du roi qui était sur un amphithéâtre

1. Le mot de représentation désigne à l'époque aussi bien ce qui, image ou symbole, rend présente une personne absente qu'un simulacre de cercueil sur lequel on étend un drap mortuaire. Le feu roi est ici Louis XIII.

construit sur la porte du chœur entre les deux tribunes qui y sont ». Afin de renforcer les musiciens du roi, pourtant déjà nombreux, on avait fait venir aussi ceux de l'Opéra, pour exécuter le *De profundis*. L'Épître et l'Évangile furent chantés, mais seulement par les religieux, diacres et sous-diacres. Puis ce fut l'offrande. Cinq fauteuils avaient été placés au bas des marches de l'autel pour l'archevêque et ses quatre assistants. Le roi d'armes se leva et fit ses diverses révérences. Ce fut ensuite le tour de Desgranges qui guida le dauphin dans les siennes. Celui-ci se mit ensuite à genoux devant l'autel sur un carreau de velours, aux pieds de l'archevêque de Reims, baisa sa bague et lui présenta le cierge ainsi que dix demi-louis. Les ducs de Berry et d'Orléans firent ensuite de même, mais avec de moindres offrandes. Le moment était venu de l'oraison funèbre prononcée par l'évêque d'Angers qui, s'adressant au dauphin, l'appela « Monseigneur », comme son père. En tout, le service dura près de cinq heures, de onze heures et demie du matin jusqu'à quatre heures un quart de l'après-midi.

Dix mois plus tard, on fit preuve de davantage de tenue pour la dauphine et le dauphin. Cette fois tout fut mis en œuvre pour l'exposition des corps devant lesquels la cour allait pouvoir défiler. Évoquons ce qui se passa pour la dauphine : Desgranges demanda qu'on transférât son corps du petit lit où elle était morte dans un grand lit plus convenable ; elle fut coiffée et vêtue de vêtements propres, puis installée, de manière à être vue, « les mains jointes hors du lit ». Mais la chambre mortuaire n'était pas destinée à devenir le lieu d'exposition de la dépouille. Il fallait pour cela préparer l'appartement de la dauphine à recevoir d'innombrables visiteurs, le tendre de noir et prévoir un circuit. Sans plus attendre, des messes furent dites auprès du corps pour l'âme de la défunte. « Pendant le 13 [février], il a été dit des messes depuis cinq heures du matin sur deux autels qui avaient été préparés dans la chambre du trépas, l'un adossé à la cheminée, l'autre à l'opposite, les huissiers de la chambre y étaient comme si la princesse eût été vivante, et ils avaient soin de faire passer le peuple auquel on avait donné la liberté d'entrer en faisant sortir par le salon de la galerie, ce qui est le seul expédient pour empêcher la confusion. On avait placé au côté droit du lit l'évêque de Senlis, premier aumônier en camail et rochet, sur un pliant adossé contre le mur au plus près du chevet, et les aumôniers sur une forme appuyée de même. De l'autre côté étaient la duchesse du Lude, dame d'honneur, la marquise de Mailly, dame d'atours, le marquis de Dangeau, chevalier d'honneur, le maréchal de Tessé, premier écuyer et le sieur de La Richardie exempt des gardes du roi, tous sur des pliants, la duchesse du Lude ayant un carreau pour s'agenouiller, de même que le maréchal de Tessé à cause de sa qualité de Grand d'Espagne, sur une forme en retour les dames du palais et sur une autre forme derrière elles les femmes de chambre. »

Les médecins pratiquèrent l'autopsie en présence du maître des cérémonies et de la dame d'atours. Comme pour Monseigneur, le corps fut placé dans deux cercueils emboîtés. Mais le cœur de la dauphine fut embaumé et mis dans une boîte de plomb en présence de la duchesse du Lude, sa dame d'honneur, et cette boîte dans une autre de vermeil doré. Il revenait à la duchesse de le faire, mais elle n'en eut pas la force, et c'est le chirurgien qui dut la remplacer. Les entrailles furent déposées dans un baril de plomb, lui-même mis dans un coffre de bois. En attendant que l'appartement fût tendu de deuil, cercueil et coffre furent déposés sur le bois de lit que recouvrait le poêle de la Couronne, un carreau déposé sur la petite crédence recevant le cœur.

Pendant ce temps, la chambre de deuil fut préparée dans le grand cabinet tendu du haut en bas, sans mettre de clous à la peinture, précise Desgranges. Au matin du 14, on porta dans cette chambre corps et entrailles de la dauphine, en déposant sur le cercueil une couronne de vermeil récupérée à Saint-Denis de la pompe funèbre de Monseigneur, l'année précédente. Désormais on pouvait appeler les gens de la Maison de la dauphine pour donner l'eau bénite. Les disputes de préséances ne tardèrent pas à surgir. Les quatre évêques qui devaient se tenir auprès du corps ne se satisfirent pas de recevoir des sièges pliants, comme prévu, et ils réclamèrent des carreaux en profitant sans vergogne de la situation pour les obtenir [1]. Desgranges préféra ne pas en importuner le roi. Celui-ci, qui l'apprit ensuite, en fut mécontent, déclarant que les évêques ne devaient pas recevoir de tels carreaux, pas plus auprès de la dauphine morte que si elle était encore vivante. Saint-Simon ajoute même qu'ils avaient réclamé des chaises à dos, mais en vain...

1. Après avoir donné l'eau bénite, autrement dit tracé en l'air un signe de croix en direction du cercueil avec le goupillon préalablement trempé dans l'eau bénite, on se mettait à genoux. Les personnes de sang royal, les bâtards légitimés, les ducs et les duchesses, les princes dits étrangers et les bénéficiaires du tabouret de grâce recevaient un coussin (« carreau ») sur lequel s'agenouiller.

Il fallut ensuite mettre au point les tours de garde, de deux heures chacun, qui commencèrent le 15 février avec la duchesse d'Elbeuf, princesse de la maison de Lorraine, et durèrent jusqu'au 23. Le choix se porta uniquement sur des dames de qualité pouvant entrer dans le carrosse de la reine ou de la dauphine. On fit une première liste puis une seconde, qui ne mentionnait que celles qui furent effectivement mandées. De nouvelles contestations s'élevèrent, tant les devoirs rendus aux morts permettaient aux vivants d'exprimer leurs prétentions. Les secrétaires d'État se mirent en tête de se faire annoncer et leurs femmes aussi, en tirant argument d'un précédent (la pompe funèbre de la dauphine Marie-Anne en 1690), ce qui fâcha le roi. Le défilé commença pour donner l'eau bénite. Madame vint ainsi, le 17, en petit voile de veuve, sa queue portée par son porte-manteau et conduite par son chevalier d'honneur, le duc d'Ô, lui-même en manteau porté par son écuyer, et les autres princesses menées par leurs écuyers et les queues de leurs mantes portées par des gentilshommes. Saint-Simon déplora qu'on vît, pour la première fois, hommes et femmes venir ensemble donner l'eau bénite.

Le corps et les entrailles du dauphin furent portés auprès du cercueil de son épouse, tous deux couverts du poêle de la Couronne, lui à droite avec une couronne de vermeil doré et le collier de l'ordre du Saint-Esprit, elle à gauche. Desgranges a laissé un croquis de cette disposition inouïe, « spectacle si nouveau et si affreux que ceux qui, comme moi, ont eu la douleur de le voir ne peuvent y penser sans frémir », nota le marquis de Breteuil.

Les funérailles du duc et de la duchesse de Bourgogne furent conduites ensemble, situation exceptionnelle qui ne pouvait manquer d'entraîner des modifications par rapport aux obsèques antérieures. Le 23 février, il fallut conduire les corps à Saint-Denis, l'abbaye royale, où l'on devait les déposer dans la crypte, en attendant de préparer leur véritable tombeau. Les cœurs, en revanche, furent envoyés au Val-de-Grâce et placés dans la chapelle Sainte-Anne, ce qu'on faisait depuis qu'Anne d'Autriche avait souhaité que son cœur fût mis dans ce couvent qu'elle avait fondé, ainsi que celui de sa petite-fille.

Le roi nomma le duc d'Orléans pour conduire le corps du dauphin et quatre princesses pour celui de la dauphine : Mme la Duchesse, Mme de Vendôme, Mlle de Conti et Mlle de La Roche-sur-Yon. L'année précédente, deux carrosses avaient suffi pour transporter le corps du Grand Dauphin, mis en hâte dans un cercueil qui dépassait sur le chemin ; cette fois, trois carrosses précédaient le chariot funèbre, trois venaient derrière, avec d'autres encore, tous remplis de gens de qualité. Le cortège ne contourna pas Paris : il y entra à deux heures et demie après minuit, suscitant une ferveur qu'a décrite Saint-Simon : « Toute la rue Saint-Honoré où les Feuillants, les Capucins, les Quinze-Vingt Saint-Honoré, firent leurs prières avec chacun leur clergé, ayant leurs croix et leurs chandeliers, se présentèrent au passage pour chanter un *De profundis.* » Il ressortit à quatre heures par la porte Saint-Denis, après avoir traversé la capitale dans un ordre admirable imposé par M. d'Argenson. Lorsque les premiers flambeaux furent signalés dans la nuit, le bourdon de Saint-Denis s'ébranla, tandis que tout le clergé de Saint-Denis se mit en marche au-devant du convoi et entonna le *Libera me* au moment de le rejoindre. Les deux cercueils furent portés dans le chœur par les gardes, les poêles tenus par des religieux [1].

Comme pour Monseigneur, le roi fit écrire aux évêques pour leur demander offices et prières publiques. En 1712, il s'adressa en ces termes à l'archevêque de Rouen, Mgr Claude-Maur d'Aubigné, très lointain parent de Mme de Maintenon : « Je viens de perdre en moins de six jours mon petit-fils le dauphin et ma petite-fille la dauphine. Un coup si accablant et si imprévu me cause une affliction d'autant plus grande que ce prince joignait à une piété exemplaire toutes les autres vertus dignes de son rang, et que la princesse sa femme avait justement acquis et partageait avec lui mon estime et ma tendresse. Comme une perte si irréparable est générale pour tout le peuple, je dois joindre mes prières aux siennes pour demander à Dieu le repos de leurs âmes et la consolation dont j'ai besoin dans ma douleur. Ainsi, je vous écris cette lettre pour vous dire qu'aussitôt que vous l'aurez reçue vous fassiez faire un service solennel dans votre église métropolitaine et des prières publiques dans l'étendue de votre diocèse. » À la cathédrale de Bordeaux, le parlement fut présent en corps, les magistrats en robe rouge et bonnet, et l'affluence fut telle que beaucoup montèrent sur le toit des bas-côtés, brisant les vitraux pour mieux voir. Mais rien n'égala le geste du pape Clément XI en faveur du dauphin : après avoir tenu un consistoire exprès pour

1. Quant au dauphin Bretagne, il fut porté à Saint-Denis sans cérémonie, le roi ayant ordonné qu'on fît comme pour Monseigneur l'année précédente.

déplorer la perte d'un tel prince, il célébra des obsèques solennelles dans sa chapelle, contre tous les usages romains.

Les deux services prévus pour le duc et la duchesse de Bourgogne furent fixés par le roi au 18 avril pour Saint-Denis, et au 10 mai pour Notre-Dame. Là encore, le roi désigna qui prononcerait l'oraison funèbre à Saint-Denis et qui le ferait à Notre-Dame [1], quels princes conduiraient chaque fois le deuil [2]. Cette fois, dit Dangeau, « l'église était ornée magnifiquement, et si on y trouvait un défaut, c'est que la décoration était trop brillante pour une cérémonie si triste ». Le service à Saint-Denis puis celui de Notre-Dame, si recueillis et solennels qu'ils fussent, ne manquèrent pas d'incidents plutôt comiques. Ainsi, à Saint-Denis, celui que rapporte Saint-Simon : comme il arrivait que des personnes fussent prises de malaise étant donné la durée de telles cérémonies, on disposait sur une crédence, à côté des burettes, un vase rempli de vinaigre afin de leur faire reprendre leurs esprits. « M. de Metz, ayant pris la première ablution et voyant au volume des petites burettes qu'il restait peu de vin pour la seconde, en demanda davantage. On prit donc ce grand vase sur la crédence, pensant que ce fût du vin, et M. de Metz, qui se voulut fortifier, dit, en lavant ses doigts sur le calice, de verser

1. Pour Monseigneur, ce furent l'évêque d'Angers, Mgr Poncet de La Rivière, et le père de La Rue, jésuite ; pour le dauphin et la dauphine, l'évêque d'Alet, Mgr Maboul, et le père Gaillard, jésuite.

2. Pour Saint-Denis, il fit choix du duc d'Orléans et du comte de Charolais, pour le dauphin, de la duchesse de Berry, de Mme la Duchesse (de Bourbon) et de Mlle de Bourbon, pour la dauphine. À Notre-Dame, les princes du deuil furent le duc de Berry, le duc d'Orléans et le comte de Charolais, les princesses, la duchesse de Berry, Mlle de Bourbon et Mlle de Charolais.

tout plein. Il l'avala d'un trait, et ne s'aperçut qu'à la fin qu'il avait avalé du vinaigre. Sa grimace et sa plainte fit un peu rire autour de lui, et lui-même conta après son aventure, dont il fut très mécontent. » Pour le service à Notre-Dame, Saint-Simon signale aussi, comme une nouveauté scandaleuse, que le cardinal de Noailles officia en ornements violets, « parce que les cardinaux n'en portent jamais de noir ; précision d'orgueil qui monte jusqu'à l'autel ». Autant de querelles qui finissaient par arriver à la connaissance du roi, qu'elles lassaient tout en ravivant son affliction.

Louis XIV n'avait pas seulement à ordonner les voyages et les services. Il réglait la manière et la qualité du deuil, faisant connaître ses décisions au premier gentilhomme de sa Chambre. À la cour de France, il y avait plusieurs deuils possibles. Selon la proximité avec le roi, la couleur et la durée changeaient. Le grand deuil se portait en violet et le deuil ordinaire en noir. Dans le premier cas, Breteuil indique que, « aux occasions de la mort des parents les plus proches du roi, les officiers de la Couronne, les grands officiers de sa Maison et les gens d'une qualité distinguée » allaient « en grand manteau de deuil traînant à terre et les dames en mantes faire la révérence à Sa Majesté ». Le deuil impliquait qu'on tendît ses appartements [1], qu'on drapât ses carrosses, qu'on adoptât des vêtements ou, pour les domestiques, des livrées spécifiques. Il pouvait aussi se prendre d'une cour à l'autre, même en temps de guerre. Ainsi,

1. Desgranges note toutefois que « les princes et princesses du sang ne tendent point de deuil dans la Maison du roi ».

en juin 1711, Louis XIV reçut de Vienne une lettre de l'impératrice douairière lui faisant part de son affliction pour la mort de son fils l'empereur survenue deux mois plus tôt. Le roi aurait pris le deuil si l'impératrice n'avait pas, dans la même lettre, qualifié de « roi d'Espagne » son autre fils l'archiduc Charles, l'ennemi de Philippe V. La fâcheuse lettre fut renvoyée et le roi déclara qu'il ne prendrait pas le deuil.

À la mort du Grand Dauphin, Louis XIV hésita. Un père ne portait pas le deuil de ses enfants, explique Breteuil. Au duc de Tresmes lui demandant comment on ferait, il répondit d'abord qu'on ferait comme pour l'épouse de Monseigneur. À cette occasion, le roi n'avait pas pris le deuil, mais la cour l'avait pris pour six mois. Par conséquent, les officiers de la Couronne et les grands officiers de la Maison du roi n'avaient pas drapé leurs carrosses puisque le roi n'avait pas drapé les siens de violet. Il en était résulté des interrogations : on avait peine à imaginer que les officiers de la Couronne et de la Maison dussent ne pas porter le deuil. Le 17 avril 1711, le roi décida, avant la messe, « que ses domestiques feraient draper leurs carrosses et habiller leurs livrées de noir et que l'on porterait chez Sa Majesté des pleureuses et des crêpes pendant trois semaines, et pendant six semaines chez les princes, lesquels porteraient le deuil pendant un an, et la Maison du roi seulement six mois [...]. Après la messe, le roi changea son ordre pour le deuil, et décida que tout le monde le porterait un an, que ses domestiques porteraient des pleureuses six semaines, et ceux des princes trois mois, et qu'il voulait que tous ses bas officiers fussent en deuil ».

Comme tant d'autres moments de la vie de cour, le deuil était propice à ces multiples nouveautés qui, sous l'apparence de la continuité et de la tradition, permettaient aux plus habiles et aux plus entreprenants de se pousser. Quel privilège, par exemple, que celui de marquer le deuil en drapant… Saint-Simon ne manqua pas de remarquer que, à la mort de Monseigneur, obtinrent indûment de draper – sous prétexte d'appartenir au roi – le comte de Châtillon, gendre du secrétaire d'État Voysin, et la famille de Beauvau. L'année suivante, Louis XIV ne permit qu'au duc et à la duchesse de Berry de draper ; mais ceux-ci voulurent que Mme de Saint-Simon les imitât. Son mari et elle, par amitié pour eux, finirent par être mi-partie : « Tout ce qui était à moi ou en commun sans deuil, et en noir tout ce qui était à Mme de Saint-Simon, ce qui était fort ridicule. »

Ces dispositions arrêtées, non sans mal, et le deuil proclamé, les visites pouvaient avoir lieu. Elles se firent en deux temps pour le deuil de Monseigneur. Le lundi 20 avril 1711, la cour se précipita à Marly faire la révérence au roi, au dauphin et aux princesses ; on s'assembla sur les trois heures dans le salon du pavillon royal, selon un dispositif que décrit Breteuil : « Le roi étant dans son appartement qui est de plain-pied à ce salon et dans son cabinet, debout et découvert, auprès de sa table, Mme la Dauphine et les autres princesses vinrent lui faire la révérence, suivies de toutes les dames en mantes et de tous les courtisans en manteau long. Le nombre en était très grand et comme l'appartement du roi perce des deux côtés dans de petits salons qui rentrent dans le salon du milieu qui est au centre de la maison, tout le monde entra par une des portes de cet appartement et sortit par l'autre, chacun faisant une profonde révérence en passant devant Sa Majesté, sans lui parler. »

Jamais Marly n'avait vu tant de monde et pour une telle raison, alors que seule la vie semblait avoir droit de cité en ce jardin. Si triste qu'il fût, le spectacle ne manquait pas de beauté et de grandeur, de l'aveu même de Mme de Maintenon. Mais le duc du Maine sut profiter de la situation pour obtenir du roi son père qu'on irait chez lui aussi faire la révérence, en l'égalant par conséquent aux Fils et Filles de France. Il en alla de même pour l'autre bâtard légitimé, le comte de Toulouse. Louis XIV était en habit ordinaire, son chapeau sous le bras, debout et s'appuyant de la main droite à une table. Les visiteurs lui faisaient la révérence « qu'il rendait fort marquée à chaque personne titrée, homme et femme, et point du tout aux autres ». À en croire Saint-Simon, dans cette foule en grand manteau et en mante, on vit paraître jusqu'à des inconnus de la cour tout entière et même des robins. Il y eut aussi un épisode comique qui, conjugué à la tension nerveuse, provoqua l'hilarité du roi : « Il est difficile que la variété des visages et la bigarrure de l'accoutrement de bien des gens peu faits pour le porter ne fournisse quelque objet ridicule qui démonte la gravité la plus concertée. Cela arriva en cette occasion, où le roi eut quelquefois peine à se retenir, et où même il succomba une fois, avec toute l'assistance au passage de je ne sais plus quel pied-plat, à demi abandonné de son équipage », autrement dit ayant perdu une partie de son costume lors de sa révérence… Monsieur Jourdain aussi était donc là. Puis chaque membre de la famille royale alla prendre sa place pour recevoir à son tour les révérences. Si Mme de Vendôme, issue d'un bâtard d'Henri IV, ne vit personne, il n'en alla pas de même de la princesse de Conti, fille de Mme de Montespan, qui se posta en un endroit tel qu'en allant chez l'un ou en sortant de chez l'autre, on était bien obligé de passer devant elle et de s'exécuter.

Le deuxième volet des visites eut lieu le 27 avril à Versailles, plus propice à de telles cérémonies. Il concernait d'abord les ministres étrangers, fort peu nombreux à cause de la guerre et qui venaient présenter leurs compliments. Tel fut le cas du nonce, reçu par le roi dans sa chambre. L'après-midi fut consacrée aux harangues du Parlement, de la Chambre des comptes, de la Cour des aides, de celle des monnaies ou encore de la Ville de Paris. Puis, le soir venant, le roi regagna Marly dont il ne voulait guère s'éloigner.

L'année suivante, pour les époux disparus, le roi fit dire qu'il verrait tout le monde à son arrivée à Versailles, le samedi 27 février 1712. Les princes et princesses de la Maison royale se rendirent dans son cabinet ; selon Desgranges, « les princes en manteau et les princesses en mante ou en petit voile pour les veuves, les dames de qualité aussi en mante ont occupé la chambre du roi, pour les hommes ils étaient tous en manteaux rangés en haie depuis la chambre du roi jusques à l'appartement de Mme de Maintenon ; le roi est sorti pour s'y rendre. Il a fait de grandes honnêtetés aux princes et princesses. Il en a aussi fait à toutes les dames qui étaient dans la chambre, en sorte que sans parler à aucune il semblait qu'il voulait parler à toutes, et enfin, en sortant de sa chambre, il a passé lentement à travers les deux haies d'hommes, s'est tourné à chaque pas, à droite et à gauche, de manière qu'il semble qu'il n'y en a pas un qui ne puisse se flatter d'avoir été vu et remarqué par Sa Majesté qui leur faisait à tous des inclinations très gracieuses et très favorables ». La semaine suivante, Louis XIV entendit les compliments et les harangues funèbres : le 1er mars il reçut les ministres étrangers, le samedi 5 le Parlement, la Chambre des comptes, la Cour des aides, la Cour des monnaies et la Ville de Paris, enfin le dimanche 6 le Grand Conseil, l'Université et l'Académie française. Le dauphin et son jeune frère le duc d'Anjou étaient alors au plus mal. Le lundi 7, le roi ordonna qu'ils fussent baptisés. L'aîné mourut dans la nuit du lendemain. Louis XIV ordonna de conduire son corps à Saint-Denis, sans cérémonie.

En si peu de temps, trois dauphins étaient morts qui s'étaient succédé. Celle que la cour pleura peut-être le plus amèrement, c'était la dauphine, qui avait paru être sa vie même, un chagrin dont témoigne Saint-Simon : « Avec elle s'éclipsèrent joie, plaisirs, amusements mêmes, et toutes espèces de grâces. Les ténèbres couvrirent toute la surface de la cour. Elle l'animait tout entière ; elle en pénétrait tout l'intérieur. Si la cour subsista après elle, ce ne fut plus que pour languir. Jamais princesse si regrettée, jamais il n'en fut si digne de l'être. Aussi les regrets n'en ont-ils pu passer, et l'amertume involontaire et secrète en est constamment demeurée, avec un vide affreux qui n'a pu être diminué. »

Épilogue

Il est cinq heures du soir, ce 12 avril 1712, quand le roi reçoit à Marly, chez Mme de Maintenon, le maréchal de Villars sur le point de partir en Flandre. La campagne va commencer et avec elle une nouvelle année de cette interminable guerre. Le lundi suivant, à Saint-Denis, on va enterrer le dauphin, la dauphine et leur fils aîné le dauphin. Les négociations sont en cours avec les Anglais à Utrecht, mais on s'attend à un effort décisif, si ce n'est des Alliés ensemble, du moins des Hollandais et des Impériaux. Une grande bataille est à prévoir. Sera-t-elle perdue, l'invasion atteindra le cœur du royaume, l'Île-de-France, autrement plus menaçante que ces partis de cavalerie ennemis qui, déjà, hantent de nuit les routes de Champagne, voire des environs de Paris et de Versailles, en quête de quelque personnage important à capturer. Il faut se préparer à des résolutions héroïques, à la mesure du péril prêt à déferler comme en 1636, l'année de Corbie, qui vit les Espagnols emporter une partie des places de la Somme et s'ouvrir le chemin de la capitale où l'alarme fut grande. Villars, homme de guerre expérimenté et bon courtisan quand il veut s'en donner la peine, a tant souhaité prendre l'offensive les années précédentes. Mais en vain. Il ne fallait ni compromettre les chances d'un accord, ni perdre cette irremplaçable armée qu'on lui confie à nouveau. Sa protectrice, Mme de Maintenon, est là, à son ouvrage, silencieuse mais attentive, comme à l'accoutumée. Quant au roi, il apparaît d'abord à Villars comme l'image vivante de l'affliction, si bien que cette veillée d'armes resta dans sa mémoire.

« Ce grand prince paraissait au milieu de ses courtisans sans verser une larme ; mais il ne crut pas être obligé à la même contrainte devant le maréchal de Villars. Son cœur s'ouvrait en sa présence sur tous ses malheurs domestiques, et il lui dit : "Il y a peu d'exemples de ceux qui m'arrivent, et que l'on perde dans la même semaine son petit-fils, sa petite-belle-fille et leur fils, tous de très grande espérance, et très tendrement aimés. Dieu me punit : je l'ai bien mérité ; j'en souffrirai moins dans l'autre monde. Mais suspendons mes douleurs sur les malheurs domestiques, et voyons ce qui peut se faire pour prévenir ceux de l'État.

« La confiance que j'ai en vous est bien marquée, puisque je vous remets les forces et le salut du royaume. Je connais votre zèle, et la valeur de mes troupes. Mais enfin la fortune peut vous être contraire. S'il arrivait ce malheur à l'armée que vous commandez, quel serait votre sentiment sur le parti que j'aurais à prendre pour ma personne ?"

« À une question aussi grave et aussi importante, le maréchal de Villars demeura quelques moments dans le silence. Sur quoi le roi reprit la parole, et dit :

« "Je ne suis pas étonné que vous ne répondiez pas bien promptement ; mais, en attendant que vous me disiez votre pensée, je vous apprendrai la mienne. – Votre Majesté, répondit le maréchal, me soulage beaucoup. La matière mérite de la délibération, et il n'est pas étonnant que l'on demande la permission d'y rêver. – Hé bien, dit le roi, voici ce que je pense ; vous me direz après cela votre sentiment. Je sais tous les raisonnements des courtisans ; presque tous veulent que je me retire à Blois, et que je n'attende pas que l'armée ennemie s'approche de Paris ; ce qui lui serait possible si la mienne était battue. Pour moi, je sais que des armées aussi considérables ne sont jamais assez défaites pour que la plus grande partie de la mienne ne pût se retirer sur la Somme. Je connais cette rivière : elle est très difficile à passer ; il y a des places, et je compterais aller à Péronne ou à Saint-Quentin, d'y ramasser tout ce que j'aurais de troupes, faire un dernier effort avec vous, et de périr ensemble, ou sauver l'État, car je ne consentirai jamais à laisser approcher l'ennemi de ma capitale. Voilà comme je raisonne : dites-moi présentement votre avis."

« "Certainement, répondit le maréchal, Votre Majesté m'a bien soulagé ; car un bon serviteur a quelque peine à conseiller au plus grand roi du monde de venir exposer sa personne. Cependant j'avoue, sire, que, connaissant l'ardeur de Votre Majesté pour la gloire, j'aurais pris le parti de lui dire que les partis les plus glorieux sont aussi souvent les plus sages, et que je n'en vois pas de plus noble pour un roi, aussi grand homme que grand roi, que celui auquel Votre Majesté est disposée. Mais j'espère que Dieu nous fera la grâce de n'avoir pas à craindre de telles extrémités, et qu'il bénira enfin la piété, la justice et toutes les autres vertus qui règnent dans toutes vos actions." »

Le 17 juillet, un armistice fut signé avec les Anglais qui demeurèrent dès lors l'arme au pied, leurs nombreux mercenaires passant sur-le-champ aux Hollandais. Le lendemain, le prince Eugène de Savoie mit le siège devant Landrecies, avec l'espoir, en emportant cette modeste place, de s'ouvrir la route de Paris. Le sort du royaume se jouait entre la Sambre et l'Escaut. Hésitant près d'une semaine sur le meilleur parti à adopter, Villars, qui par chance n'avait pas reçu une impatiente lettre du roi, lança l'assaut contre Denain, le 24 juillet. Ce même jour, Mme de Maintenon fit porter un court billet à Saint-Cyr : « Il doit se passer quelque chose en Flandre dont il ne faut rien dire ; mais je vous prie de mettre tout le monde en prières et de ne rien oublier pour obtenir de Dieu une fin heureuse pour cette triste campagne. » Ce fut la victoire et une joie indescriptible à la cour comme à la ville. À peu de là, le roi fit conduire le petit dauphin à Saint-Cyr.

Ce n'était plus une armée qui devait assurer le salut du royaume, mais un enfant bien fragile dont il faudrait, coûte que coûte, faire un homme et un roi, alors que sa santé mettait tout le monde dans l'incertitude. Le quatrième dauphin de Louis XIV était, comme les soldats de Villars, l'ultime ligne de défense opposée, non plus à l'invasion étrangère, mais à la mort. Elle semblait bien ténue, surtout lorsque la disparition inattendue du duc de Berry, le 4 mai 1714, fit encore plus reposer sur elle l'avenir de la dynastie. En octobre suivant, la duchesse de Ventadour, gouvernante des Enfants de France, en fait du seul survivant, consacra à la Vierge et envoya à Saint-Cyr la robe du dauphin qu'avait brodée la défunte duchesse de Bourgogne. « Elle fera honneur à jamais à cette maison et va bien redoubler l'ardeur des prières qu'on y fait pour ce précieux dauphin », lui écrivit Mme de Maintenon. Une maladie foudroyante ou une irrésistible langueur pouvaient aisément en avoir raison. Qu'il disparût et s'ouvrait une succession de France, une guerre à la fois civile et générale ruinant le royaume pour de bon. Philippe V d'Espagne, qui n'avait accepté que contraint et forcé une renonciation sans précédent en France mais désormais inscrite en droit international, ne manquerait pas de prendre les armes contre Philippe d'Orléans qu'il haïssait. Croyant interposer des défenses supplémentaires face à la mort et au chaos, le roi se laissa convaincre, en juillet 1714, d'inclure dans l'ordre de sa succession ses bâtards légitimés, le duc du Maine et le comte de Toulouse, dont il fit en mai 1715 des princes du sang. L'inquiétude le poussait à rompre avec les lois fondamentales du royaume. Mais il savait que, lui mort, ses décisions seraient encore moins respectées.

À Villars stupéfait et admiratif, Louis XIV avait dit qu'en cas de défaite il le rejoindrait à la tête de ses troupes pour périr avec lui ou sauver l'État. Il n'eut pas à le faire sur la Somme ou la Seine. Il le fit auprès de son ultime dauphin, entourant de son imposante affection un petit garçon solitaire qui la lui rendait bien. Il se doutait qu'il ne le connaîtrait pas majeur et encore moins adulte. Mais il le confia à la duchesse de Ventadour qui fut pour lui une véritable mère, laissant Mme de Maintenon veiller à ce que l'enfant devînt robuste. Il n'aurait pas le temps de le former à son métier de roi comme il l'avait fait avec Monseigneur et le duc de Bourgogne, ou encore avec Philippe V. Pour lui apprendre les usages, il lui donna comme gouverneur le duc de Villeroy, un vieil ami, général désastreux à qui les deuils avaient permis de rentrer en grâce. Tant de vieillards pour protéger de leurs soins celui dont la jeune vie était si précieuse à l'État ! Si assez de temps lui était accordé, le roi lui dirait au moins ce que l'expérience d'un si long règne lui avait appris.

Encore quelques années et ce fut en se préparant à mourir qu'il le lui exprima : « Mignon, vous allez être un grand roi, mais tout votre bonheur dépendra d'être soumis à Dieu et du soin que vous aurez de soulager vos peuples. Il faut pour cela que vous évitiez autant que vous le pourrez de faire la guerre : c'est la ruine des peuples. Ne suivez pas le mauvais exemple que je vous ai donné sur cela ; j'ai souvent entrepris la guerre trop légèrement et l'ai soutenue par vanité. Ne m'imitez pas, mais soyez un prince pacifique, et que votre principale application soit de soulager vos sujets. » Qui ne connaît ces paroles en apparence suscitées par la lumière rasante de la mort qui vient ? Mais qui sait combien, lors de la plus juste des guerres du règne, elles furent nourries par des années de tensions, de peines, d'espoirs ? Cette ultime admonestation n'était point seulement de circonstance. Elle fait aussi entrevoir comment fut vécue la terrible année des quatre dauphins par celui qui, sans que les Français fussent à même de le connaître ou de s'en souvenir, se montra plus grand dans l'adversité que dans les prospérités.

SOURCES

SOURCES MANUSCRITES

Bibliothèque Mazarine, Paris : ms. 2746, *Recueil des relations des cérémonies de la cour de France (1710-1713).*

Archives départementales de la Seine-Maritime : 28 F 45-49, *Cérémonial historique* de l'abbé Chuperelle, 4 vol.

SOURCES IMPRIMÉES

F. d'Aubigné, marquise de Maintenon, *Lettres*, éd. M. Langlois, Paris, 1935-1939, 5 vol.

J.B. Bossuet, *Réflexions sur l'agonie de Jésus-Christ*, *Œuvres complètes*, Paris, 1868, t. VIII.

L.F. du Bouchet, marquis de Sourches, *Mémoires sur le règne de Louis XIV*, éd. J. de Cosnac et Pontal, Paris, 1882-1893, 13 vol.

L.N. de Breteuil, *Lettres d'amour, mémoires de cour 1680-1715*, éd. É. Lever, Paris, 2009.

La Clef du cabinet des princes de l'Europe, 1711 et 1712.

J.-B. Colbert de Torcy, *Journal inédit pour les années 1709, 1710 et 1711*, éd. F. Masson, Paris, 1884.

J.-B. Colbert de Torcy, *Mémoires du marquis de Torcy*, éd. A. Petitot et M. Monmerqué, Collection des Mémoires relatifs à l'histoire de France, Paris, 1828, vol. 67 et 68.

Correspondance générale de Mme de Maintenon, éd. Th. Lavallée, Paris, 1865-1867, 5 vol.

Correspondance inédite de la duchesse de Bourgogne et de la reine d'Espagne, petites-filles de Louis XIV, éd. comtesse Della Rocca, Paris, 1865.

Ph. de Courcillon de Dangeau, *Journal de la cour de Louis XIV, 1684-1720*, éd. E. Soulié et L. Dussieux, Paris, 1854-1860, 19 vol.

Fénelon, *Correspondance*, éd. J. Orcibal, J. Le Brun et I. Noye, Paris-Genève, 1972-1999, 17 vol.

La Gazette de France, 1711 et 1712.

Journal de santé de Louis XIV, éd. S. Perez, Grenoble, 2004.

J. Labat de Savignac, *Chronique du Bordelais au crépuscule du Grand Siècle : le Mémorial de Savignac*, éd. C. Le Mao, Bordeaux, 2004.

C. de La Rue sj, *Oraison funèbre de très haut, très puissant et excellent prince Monseigneur Louis Dauphin et de très haute, très puissante et vertueuse princesse Marie-Adelaïde de Savoye, son épouse…*, Paris, 1712.

Lettres du duc de Bourgogne au roi Philippe V et à la reine, 1701-1712, éd. A. Baudrillart et L. Lecestre, Paris, 1912-1916, 2 vol.

Lettres du maréchal de Tessé, éd. comte de Rambuteau, Paris, 1888.

Lettres historiques et édifiantes adressées aux dames de Saint-Louis par Mme de Maintenon, éd. Th. Lavallée, Paris, 1856, 2 vol.

Madame de Maintenon d'après sa correspondance authentique, choix de ses lettres et entretiens, éd. A. Geffroy, Paris, 1887, 2 vol.

Madame Palatine, *Correspondance de Madame*, éd. E. Jaeglé, Paris, 1890, 3 vol.

Madame Palatine, *Lettres de Madame, duchesse d'Orléans*, éd. O. Amiel, Paris, 1981.

P. Martineau, *Recueil des vertus du duc de Bourgogne et ensuite Dauphin*, Paris, 1712.

Mémoires du maréchal de Villars, éd. marquis de Vogüé, Paris, 1884-1895, 5 vol.

Mémoires militaires relatifs à la succession d'Espagne sous Louis XIV..., éd. F.E. de Vault et L. Pelet, Paris, 1836-1842, 11 vol.

Le Mercure historique et politique, La Haye, 1711 et 1712.

Abbé Proyart, *Vie du dauphin, père de Louis XV*, Paris, 1782, 2 vol.

Saint-Simon, *Mémoires et annotations au Journal de Dangeau*, éd. Y. Coirault, Paris, 1983-1988, 8 vol.

Souvenirs sur Mme de Maintenon, éd. comte d'Haussonville et G. Hanotaux, Paris, 1902-1904, t. I : *Mémoires et lettres inédites de Mlle d'Aumale* ; t. II : *Les Cahiers de Mlle d'Aumale* ; t. III : *Mme de Maintenon à Saint-Cyr. Dernières lettres à Mme de Caylus.*

Le Triomphe des Parques ou l'Empire de la mort sur le tombeau des princes, Paris, 1712.

Villars d'après sa correspondance et des documents inédits, éd. marquis de Vogüé, Paris, 1888, 2 vol.

BIBLIOGRAPHIE

LE ROI ET LA FRANCE

Ph. Beaussant, *Le Roi-Soleil se lève aussi*, Paris, 2000.
L. Bély, *Louis XIV, le plus grand roi du monde*, Paris, 2005.
F. Bluche, *Louis XIV*, Paris, 1986.
F. Bluche (dir.), *Dictionnaire du Grand Siècle*, Paris, 1990.
P. Campbell, *Louis XIV, 1661-1715*, Londres, 1993.
O. Chaline, *Le Règne de Louis XIV*, Paris, 2005
J. Cornette, *Le Roi de guerre. Essai sur la souveraineté dans la France du Grand Siècle*, Paris, 1993.
J. Cornette, *Chronique du règne de Louis XIV. De la fin de la Fronde à l'aube des Lumières*, Paris, 1997.
A. Corvisier, *La France de Louis XIV, 1643-1715, ordre intérieur et place en Europe*, Paris, 1979.
P. Goubert, *Louis XIV et vingt millions de Français*, Paris, 1966.
J.-P. Labatut, *Louis XIV roi de gloire (1638-1715)*, Paris, 1984.
E. Lavisse, *Louis XIV, 1643-1715*, Paris, 1895, 2 vol., rééd. 1978.
F. Lebrun, *La Puissance et la guerre, 1661-1715*, « Nouvelle histoire de la France moderne », t. IV, Paris, 1997.

C. Levantal, *Louis XIV, chronographie d'un règne*, Paris, 2009, 2 vol.

A. Lossky, *Louis XIV and the French Monarchy*, New Brunswick, N.J., 1994.

J.-C. Petitfils, *Louis XIV*, Paris, 1995.

J.B. Wolf, *Louis XIV*, New York, 1968.

Les principaux personnages et la cour

A. Baudrillart, *Philippe V et la cour de France*, Paris, 1890-1901, 5 vol.

L. Benech *et al.*, *Vues des jardins de Marly. Le roi jardinier*, Paris, 1998.

S. Bertière, *Les Femmes du Roi-Soleil*, Paris, 1998.

Y. Bottineau, « La cour de Louis XIV à Fontainebleau », *XVIIe siècle*, 1956, p. 697-734.

J.-P. Brancourt, *Le Duc de Saint-Simon et la monarchie*, Paris, 1971.

Y. Brunel, *Marie-Adélaïde de Savoie, duchesse de Bourgogne*, Paris, 1974.

M. Bryant, *Françoise d'Aubigné, marquise de Maintenon : Religion, Power and Politics. A Study in Circles of Influence during the Later Reign of Louis XIV, 1684-1715*, Londres, 2001.

M. Cagnac, *Le Duc de Bourgogne*, Paris, 1921.

H. Carré, *La Duchesse de Bourgogne, une princesse de Savoie à la cour de Louis XIV*, Paris, rééd. 1939.

S. Castellucio, « Marly : un instrument de pouvoir enchanteur », *XVIIe siècle*, 192, 1996, p. 633-665.

M. Cermakian, *La Princesse des Ursins. Sa vie et ses lettres*, Paris, 1969.

C. Constans, « Évocation de l'appartement de Mme de Maintenon à Versailles », *Revue du Louvre*, 1976, 3, p. 197-207.

M. Da Vinha, *Les Valets de chambre de Louis XIV*, Paris, 2004.

J. comte d'Haussonville, *La Duchesse de Bourgogne et l'alliance savoyarde sous Louis XIV*, Paris, 1899-1908, 4 vol.

J.-P. Labatut, *Les Ducs et pairs en France au XVIIe siècle. Étude sociale*, Paris, 1972.

J.-F. Labourdette, *Philippe V, réformateur de l'Espagne*, Paris, 2001.

Th. Lavallée, *Madame de Maintenon et la Maison royale de Saint-Cyr*, Paris, 1862.

E. Le Roy Ladurie, *Saint-Simon ou le Système de la cour*, Paris, 1997.

G. Lizerand, *Le Duc de Beauvillier, 1648-1714*, Paris, 1933.

A. Maral, *La Chapelle royale de Versailles sous Louis XIV. Cérémonial, liturgie et musique*, Sprimont, 2002.

V. Maroteaux, *Marly. L'autre palais du soleil*, Genève, 2002.

S. Melchior-Bonnet, *Louis et Marie-Adélaïde de Bourgogne, la vertu et la grâce*, Paris, 2002.

B. Neveu, « Du culte de Saint Louis à la glorification de Louis XIV : la Maison royale de Saint-Cyr », *Journal des savants*, juillet-décembre 1988, p. 277-290.

W.R. Newton, *L'Espace du roi. La cour de France au château de Versailles, 1682-1789*, Paris, 2000.

A. Niderst (éd.), *Autour de Françoise d'Aubigné, marquise de Maintenon, Albineana. Cahiers d'Aubigné*, 1999, 10-11, actes du colloque de Niort tenu en 1996.

D. Van der Cruysse, *Madame Palatine, princesse européenne*, Paris, 1988.

F. Ziegler, *Villars, le centurion de Louis XIV*, Paris, 1996.

La guerre et la fin du règne

L. Bély, *Espions et ambassadeurs au temps de Louis XIV*, Paris, 1990.

A. Corvisier (dir.), *Histoire militaire de la France*, t. I, *Des origines à 1715*, Paris, 1992.

A. Corvisier, *La Bataille de Malplaquet (1709). L'effondrement évité*, Paris, 1997.

M. Giraud, « Tendances humanitaires à la fin du règne de Louis XIV », *Revue historique*, CCIX-2, 1953, p. 217-237.

H. Kamen, *The War of Succession in Spain, 1700-1715*, Bloomington, 1969.

M. Lachiver, *Les Années de misère. La famine au temps du Grand Roi*, Paris, 1991.

A. Legrelle, *La Diplomatie française et la succession d'Espagne*, Braine-le-Comte, 1895-1900, 6 vol.

A. Lespagnol, *Messieurs de Saint-Malo. Une élite négociante au temps de Louis XIV*, rééd. Rennes, 1996, 2 vol.

J. Lynn, *Giant of the Grand Siècle. The French Army, 1610-1715*, Cambridge, 1996.

J. Lynn, *The Wars of Louis XIV, 1667-1714*, Londres, 1999.

D. Malfoy-Noël, *L'Épreuve de la bataille, 1700-1714*, Montpellier, 2007.

C. Oury, *Blenheim, Ramillies, Audenarde. Les défaites françaises de la guerre de Succession d'Espagne 1704-1708*, thèse École nationale des chartes, 2005.

W. Van Malssen, *Louis XIV d'après les pamphlets répandus en Hollande*, Paris-Amsterdam, 1936.

Table

Prologue 9
1. La ronde macabre 21
2. À l'heure ultime 51
3. Louis l'humilié 79
4. Le roi plie mais ne rompt pas 107
5. La cour en grand trouble 151
6. Le noir et le violet 181
Épilogue 201

Sources 207
Bibliographie 213

Composition et mise en pages

NORD COMPO
multimédia

CET OUVRAGE
A ÉTÉ REPRODUIT
ET ACHEVÉ D'IMPRIMER
SUR ROTO-PAGE
PAR L'IMPRIMERIE FLOCH
À MAYENNE EN NOVEMBRE 2009

N° d'édition : L.01EHBN000276.A002. N° d'impression : 75149.
Dépôt légal : octobre 2009.
(Imprimé en France)